급변하는 현대 중국의 일상

차례
Contents

일러두기 · 중국어 발음을 기본 표기로 하되, 내용 설명상 중국어 발음이 꼭 필요하지
않은 중국어는 한글한자음으로 대체한다.

들어가며

언제부턴가 한국에도 중국인이 부쩍 많아지기 시작했다는 것을 느꼈나요? 중국 상품이 시장에 넘쳐나는 것은 말할 것도 없고 이제는 관광, 쇼핑, 유학, 투자, 비즈니스, 합작 등으로 한국과 중국의 교류가 매우 활발해졌음을 누구나 인정할 것이다. 요즘은 한국의 사드(THAAD) 배치 때문에 정치적·외교적으로 중국과 긴장 상태로 잠시 위축돼 있지만 원만히 잘 해결되어 하루 빨리 교류가 활발해지길 바란다. 확실히 최근 몇 년 사이에 중국은 정치·경제·문화·과학·기술·군사·교육의 각 영역에서 신속하게 발전하고 있으며 국제사회에 대한 영향력도 점점 커져 세계적인 대국으로 용트

림하고 있다. 1978년 12월 덩샤오핑(鄧小平: 1904~1997)이 개혁개방정책을 주창한 이래 중국은 경제적으로 비약적인 발전을 거듭하며 현재에 이르렀다. 세계화 바람의 물꼬가 터지면서 중국 대중의 일상생활에도 커다란 변화의 물살이 요동을 쳤다. 개혁개방 이후 40년 동안 중국 국내총생산액은 80배에 달할 정도로 급속 발전하여 미국과 어깨를 나란히 하는 G2 대열에까지 올라섰다. 즐비한 초고층빌딩군, 인터넷의 발달, 고속철도·지하철· 비행기와 같은 최첨단급 교통수단의 발달 등은 중국인의 경제 수준 속도를 한층 빨리 끌어올렸다. 이러한 중국의 과속 경제 발달은 중국인의 생활방식과 환경 변화에도 급물살을 타게 했다. 중국인인 필자도 최근의 변화에 대해 제대로 대처하고 있는지 제대로 적응하고 있는지 의심스러울 정도다. 특히 인터넷의 발달로 인해 중국인의 생활양식은 대대적으로 변하고 있다. 많은 일상생활이 인터넷과 연결되므로 인터넷을 활용할 줄 모르면 시대에 뒤떨어지는 느낌도 들도 당장 생활의 불편함도 느껴진다. 수많은 인터넷 신조어 등의 등장으로 인해 골치가 아프지만 이것을 활용하려면 습득하고 받아들여야만 일상생활이 순조로워진다. 그래서 이러한 것들을 따라잡기 위해 필자도 학생들에게 물어물어 인터넷 문화에 뒤처지지 않도록 노력하고 있다.

이렇듯 중국의 사회·문화·경제·일상의 거대한 변화를 몸소 체험하고 눈여겨본 것을 바탕으로 필자 나름대로 정리하여 한국 사회에 소개하고자 한다. 중국의 급변하는 현대 일상의 모습이 수도 없이 많지만 중국인의 일상생활과 가장 밀접한 의·식·주, 교통, 인터넷 등을 중심으로 살펴보려 한다.

이 글을 쓰는데 인터넷이나 디지털 문화와 같은 첨단 문화는 자료 수집이 빠르고 인터넷에 좀 더 폭 넓은 안목을 갖춘 중국 시안음악대학(西安音樂學院) 리우린(柳琳) 교수가 도맡아 원고를 정리했다. 그리고 필자의 10년 지기인 한국 한림대학교 국제학부 장범성 교수는 한국 실정에 맞게 일정한 분량으로 이 글을 편집하고 번역하여 책을 출간하기까지 가장 큰 도움을 주었다. 10년 전 필자가 한림대학교에 초빙교수로 갔던 인연으로 장범성 교수와는 함께 여러 권의 책도 출간하며 교류를 이어왔다. 이번에도 장 교수님 덕분으로 단편적인 부분이나마 급속도로 변화하는 중국의 모습을 한국 독자에게 소개할 수 있어 영광스럽고 고마운 마음이 크다.

옷차림, 이제는 개성의 시대로

중국에는 '의모취인(衣帽取人, yimao qu ren)'이란 말이 있다. 얼마나 좋은 옷 또는 얼마나 비싼 명품 옷을 입었는지에 따라 그 사람에 대한 평가가 달라진다는 뜻이다. 하지만 필자가 중국의 도시를 거닐다보면 몇 년 전에 비해 너 나 할 것 없이 중국인의 옷차림에 커다란 변화가 일어나고 있음을, 시대의 발전과 더불어 사람들의 관념이 바뀌고 있음을 쉽게 알 수 있다.

옷차림의 변화는 일단 경제발전을 기반으로 한다. 즉 생활의 수준이 높아지면서 자연스레 나타나는 변화라 할 수 있다. 우선 중국인이 이전에는 다른 사람들이 하는 식으로 따라가던 것을 오늘날에는 개성을 추구하면서 자신을 드러내는 방향으로 바뀌고 있다. 이는 특히 옷차림에서 아주 잘 드러나고 있다. 신분, 직업, 성격에 따라 그때그때 자신의 필요에 따라 혹은 자신의 기호에 따라 적합한 스타일과 브랜드를 선택한다. 그래서 과거 중국인이 그렇게나 동경하고 선호했던 피에르 가르댕(Pierre Cardin), 몽탁(Montagut) 등의 고급브랜드도 이제는 좀 촌스럽다고 느끼는 사람이 나올 정도다. 중국의 젊은 의상 디자이너들도 이제는 자신의 예술 세계를 구축하며 구미의 패션계로 진출하고 있다.

오늘날 중국인들의 패션 감각이 다변화되고 있다. 매우 자극적인 색을 입는 사람도 있고, 대담한 노출도 불사 하는 여성도 있다. 인터넷이 보급되면서 중국의 패션 흐름은 점차 국제사회의 흐름과 궤를 같이 하면서 개성이 표준화를 대체하고, 심미관이 의상을 선택하는 기준이 되고 있다. 자신의 표현방식도 다양해지면서 젊은 세대의 화장이나 액세서리 또한 개성을 어떻게 하면 잘 드러낼 수 있는가 하는 방향으로 나아가고 있다. 예를 들어 여행을 좋아하는 젊은이는 보헤미안풍의 옷을 좋아하고, 정신적 자유를 추구하는 청년 중에는 고급품에는 아예 관심 없이 아무런 옷이나 걸쳐 입고 다니는데 이를 중국어로 소위 '싱렁단(性冷淡, xing leng dan)' 풍이라 한다. 또는 자신이 좋아하는 영화 스타가 입은 옷과

똑같은 옷을 구매하는 등 오늘날 중국인의 옷차림이 과거에 추구했던 '대중성'이나 '체면'보다 '개성'이 훨씬 강조되는 중요한 요소로 떠오르고 있다.

타수족: 인터넷 쇼핑광의 출현

과거에는 옷을 사려면 반드시 거리에 있는 상점에 가서 사야 했다. 그런데 오늘날 인터넷의 발달로 구매 패턴에도 많은 변화가 일어나고 있다. 단지 옷에만 한정된 이야기는 아니지만, 옷과 같은 물건을 직접 현장에 가서 사지 않고 인터넷을 통해 산다는 것 자체가 중국인에게 정말 커다란 의식 변화다. 인터넷 구매와 관련된 신조어를 소개하고자 한다. '타수족(剁手族, duo shou zu)'이라는 단어가 유행하고 있는데 글자 그대로 번역하면 '손을 자르고 싶을 정도로 쇼핑에 중독된 사람'를 일컫는 단어다. 즉, 인터넷에서 구매하기를 즐기다가 자기도 모르는 사이에 나중에 날아온 엄청난 청구서를 보고 비로소 아차 하는 그런 젊은이들을 일컫는다. 후회해도 이미 늦었다. 그래서 자기 손을 자르고 싶도록 후회한다는 '쇼핑광'을 지칭한다. '剁(duo)'는 '자르다' '手(shou)'는 '손' 즉 '타수'는 '손을 자르다'라는 무시무시한 뜻이 된다.

오늘날 중국인의 인터넷상에는 다양한 쇼핑몰이 존재한다. 예를 들면 징동(京東, jing dong), 타오바오(淘寶, tao bao), 텐마오(天猫, tian mao) 등 대소형의 인터넷 쇼핑몰이 있다. 인터넷 지불 시스템도 간편하여 더욱더 많은 사람이 인터넷 구매에 열을 올리고 있다. 한국식 의상, 구미식 의상, 민족 의상, 개성화된 의상 등이 대중의 관심을 끌고 있다. 문제는 많은 젊은이가 자기도 모르는 사이에 '인터넷 쇼핑광'이 되어 인터넷 구매에 중독되다시피 한다는 것이다. 한마디로 절제력이 떨어져 자신의 수입을 넘어서는 일이 비일비재하게 일어난다는 것이다. 중국의 새로운 사회 문제가 아닐 수 없다.

타오바오 인터넷 쇼핑몰이 발표한 자료에 따르면 소위 '야도족'(夜淘族, ye tao zu: 일반적으로 밤 11시부터 다음날 새벽 5시까지 잠도 자지 않고 마치 올빼미처럼 타오바오 쇼핑몰에서 미친 듯이 물건을 구매하는 사람들을 말한다)이 있는데, 이런 부류가 무려 2,200만 명이나 된다고 하며, 1인당 연간 평균 구매액이 5만 위안(한화 850만 원), 매월 소비 횟수가 10차례 미만이면 아예 '타수족'에 낄 수 없다는 자조적인 이야기도 있다. 텐진(天津) 사람이 가장 돈을 아낀다고 하며 '타수족'은 상하이(上海)에 가장 많다. 광둥성(廣東省) 젊은이들은 야밤에 인터넷 구매를 가장 즐긴다고 하는 분석도 있지만 사실상 '타수족'은 전국에 널리 퍼져 있다고 보는 것이 정설이다.

매번 현금으로 사는 것이 아니라 인터넷 지불 시스템을 사용하기 때문에 마치 돈을 쓰지 않는 듯한 착각이 든다. 이 때문에 자기도 모르는 사이에 열심히 구매를 하다 나중에 확인한 명세서를 보고 후회를 하는 것이다. 사소한 물건이라도 밖에 나가 상점에서 사지 않아도 되고 집안에서 편리하게 휴대폰으로 주문하고 미리 입력된 신용카드로 결제할 수 있으니 얼마나 편리한가? 게다가 이제는 주머니에 돈을 넣고 다니면 마치 자신이 시대에 뒤떨어졌다는 인상을 줄까 봐 인터넷 쇼핑이 서서히 늘어날 수밖에 없는 구조다.

물론 옷 구매만 한정된 것은 아니지만 인터넷 쇼핑이 얼마나 유행하고 있는지 다음과 같은 신조어 출현을 보면 그 일면을 엿볼 수 있다. 인터넷 쇼핑몰 타오바오는 구매습관에 따라 고객을 다음과 같이 분류하고 있다. 앞에서 언급한 '타수족' 이외에도 돈화족(囤貨族, tun huo zu: '囤'은 '비축하다' '貨'는 '물건'이라는 뜻. 한 번에 자기가 필요한 물건 이상을 구매하는데 한 번 샀다 하면 한동안 쓸 물건을 구매해야 직성이 풀리는 사람들을 말한다. 주로 옷 등 일용품 위주로 구매한다), 광광족(逛逛族, guang guagn zu: '逛'은 '돌아다니다'라는 뜻. 사고 싶은 물건은 없으면서도 괜히 인터넷 쇼핑몰을 이리저리 검색하는 사람들), 수장족(收藏族, shou cang zu: 주로 자신이 소장하기 위한 목적으로 구매하는 사람들. 옷 이외에도 골동품이나 우표 등, 또는 모든 종류의 라면을 다 사서 맛을 보는 사람들도 이에 속한다고 할 수 있다), 흘화족(吃貨族, chi huo zu: '吃(chi)'는 '먹다'라는 뜻, 맛있는 음식을 찾아서 맛보는 것이 이들 무리의 목표다. 매달 적어도 두 번 이상 식품을 구입하며 어떤 이는 한번에 평균 수십 가지 음식을 구매하기도 한다), 여행족(旅行族: 여행을 좋아해서 매달 여행용품을 사는 사람들), 습혜족(拾惠族, shi hui zu: 다른 사람보다 어떻게 해서든지 더 싸게 사는 사람들. '拾惠'란 '실리적' 또는 '실속있는'이라는 뜻이다) 등 다양한 부류의 인터넷 쇼핑족들이 있다. 그만큼 인터넷 쇼핑의 풍토가 이제는 사회 전반적으로 매우 보편화되어 있다.

사고, 사고 그리고 또 산다

'마이, 마이, 마이(買買買)'는 '사고, 사고, 또 산다'라는 말로 현재 중국인의 일상생활 속에서 매우 유행하고 있는 말이다. 경제발전으로 인해 구매력이 높아진 결과로 볼 수 있다. 실제로 한국에 관광 가서 면세점의 상품을 거의 싹쓸이 구매하다시피 하는 것도 주로 중국 관광객이라는 점에서 볼 때 최근 중국인의 구매욕은 억제하기 힘든 것 같다. 그래도 다른 것도 아닌 자신이 걸쳐야 하는 옷을 구매하는 데는 자기 나름대로의 여러 가지 사항을 고려하지 않을 수 없다.

실제로 입어보고 사야 하는 것이 원칙인 옷도 이제는 인터넷에서 구매하는 것이 일반적인 흐름이다. 1990년대 이후에 태어난 세대인 20대의 경우를 보면 통상 스타일이나 저렴한 가격을 우선적인 요소로 선택하는 것 같다. 30대는 비교적 품질을 중시하며 해외 사이트에서 대리구매를 하는 경향도 두드러졌다(한국에서도 많이 보편화되어 있는 해외 대리구매는 국내에서는 판매하지 않는 상품 또는 나와 있더라도 해외에 비해 너무 비싼 상품들을 대리구매 전문 사이트 등을 통해서 해외로부터 구매하는 것을 말한다. 중간의 대리구매상은 해외에서 택배 또는 인편으로 직접 가져오거나 혹은 국내의 제품을 해외로 판매하기도 하는데, 인터넷 발달에 힘입어 중국에는 각양각종의 대리상들이 우후죽순처럼 생겨나고 있다).

사실 필자 주변의 친구들도 일명 '구후이지(骨灰級, gu hui ji)'이라고 불리는 인터넷 구매 애호자들이다. '구후이지'는 인터넷상에서 종종 사용되는 어휘로 원래 각종 인터넷 게임에서 등장했다. 일반적으로 자칭 '구후이지'라는 부류는 인터넷 경험이 많고 우수한 기술을 가진 네티즌이라고 표현한다. 또는 모 영역에서 매우 수준이 있고 경지가 높은 부류들을 일컫기도 하는 호칭이다. 이 단어는 현재 중국 사회에서 매우 폭넓게 사용되고 있다

재미있는 사실은 연령층에 따라 구매 방식이 다소 다르다

는 것이다. 40대 부류는 옷을 구매할 때 편안함과 가격 대비 좋은 품질의 가성비를 중요시한다. 이들은 인터넷 구매도 즐기지만 최대한 오프라인 상점에서 구매하는 경향이 강한 편이다. "자기 눈으로 직접 상품의 재질을 살펴보고 그 자리에서 실제로 착용하고 구매해야지 안심이 되고, 구매한 이후에도 애프터서비스가 보장되기 때문이다"라고 말한다. 50세이상의 사람은 아무래도 인터넷 사용이 상대적으로 불편한세대라 현장 구매가 많은 편인데, 이들 계층 중에서도 인터넷 구매가 서서히 증가하고 있는 추세다.

앞서 말한 '마이 마이 마이(買買買)'는 물론 필요에 따라각종 패턴이 있겠지만 목적은 하나일 것이다. 유행을 따라가고 양질의 제품 또는 자신의 마음에 드는 물건을 사는 것이다. 한국, 일본, 오스트레일리아나 구미국가들의 브랜드가좀 더 믿을 만하다는 인식이 중국 사회에 널리 퍼져 있다. 어떤 해외 브랜드 물건은 중국 내에서도 구매할 수 있겠지만, 그래도 원산지에서 파는 제품이 좀 더 믿을 만하며 가격도국내보다는 저렴하다는 인식을 갖고 있다. 택배 시스템도 잘발달되어서 직접 현관문 앞까지 배달되기 때문에 자신이 직접 들고 오는 것보다도 훨씬 편리하다. 이외에도 오프라인상점에서는 살 수 없고 온라인에서만 구매 가능한 제품들도있다.

필자는 이미 10년 정도의 인터넷 구매 경력을 갖고 있다. 나름대로 인터넷 구매 경험이 풍부하다고 자부하고 있으며 이미 생활의 일부분이 되었다. 사고 싶은 옷이 있으면 어디서든 틈만 있으면 휴대폰을 꺼내 온라인 쇼핑몰을 검색한다. 옷과 같이 까다로운 물건도 실제 입어보지도 않고 거리낌 없이 인터넷으로 주문하는 시대가 왔다. 그만큼 이제는 인터넷으로 무엇이든지 할 수 있다는 생각이 든다. 인터넷이 우리 삶에서 필수불가결한 존재가 된 것이다.

인터넷 구매의 장단점

인터넷으로 옷을 구매하는 것은 정말로 편리하다. 하지만 사실 문제점도 많다. 인터넷 구매에 관한 장점과 단점에 대해 여러분도 잘 알고 있겠지만 다시 한 번 인터넷 쇼핑광들의 입을 통해 확인해보자.

인터넷 구매의 장점

첫째, 구태여 밖에 나갈 필요가 없다. 집에 앉아서 온라인 상점을 돌아다닐 수 있다. 주문도 시간제한을 받지 않는다. 오늘날 패셔니스타(fashionista)를 추구하는 대부분의 사람이 낮에는 근무해야 하기 때문에 상점가를 마음 놓고 이리저리 다닐 시간이 없다. 그런데 인터넷에서는 시간제한 없이 마음 놓고 물건을 고를 수 있으니 애용하는 건 당연하다. 둘째, 상품과 관련한 풍부한 정보를 활용하여 자기 거주지역에 없는 상품도 손쉽게 살 수 있다. 물건을 사려면 적어도 세 군데 정도는 다니면서 여러 가지 항목을 비교해야 한다고들 말한다. 인터넷상에서는 시간적 여유를 가지고 여러 쇼핑몰을 돌아다니며 물건을 고를 수 있다. 셋째, 현금이 필요하지 않으므로 현금의 분실이나 절도 등의 걱정 없이 인터넷 은행이나 온라인상의 지불수단을 사용하면 된다. 넷째, 물건을 주문하고 받기까지 몸소 현장에 갈 필요가 없으니 시간과 노력을 절약할 수 있다. 특히 무더운 여름날이나 엄동설한의 겨울에는 이러한 편리함이 배가 될 것이다. 다섯째, 인터넷 쇼핑몰은 가게 임대료, 직원 고용, 보관 비용 등을 절약할 수 있기 때문에 물건 가격이 일반 상점보다는 상대적으로 싼 편이다.

인터넷 구매의 단점

첫째, 실물과 인터넷상의 사진과는 거리가 있을 수 있다. 인터넷 쇼핑은 단지 영상물을 보고 구매하는 것이기 때문에 당신의 손에 들어왔을 때, 실물이 사진과 달라 실망하는 경우도 종종 있다. 특히 옷의 경우는 색이나 옷감의 재질 등에서 생각한 것과 격차의 정도가 심한 경우가 더러 발생한다. 이런 문제점 때문에 불편을 무릅쓰더라도 실제 상점에 가서 사는 사람도 많다. 둘째, 실제로 입어볼 방법이 없다. 사진이나 제품에 대한 간단한 소개 내용을 보고 구매하는 것이기 때문에 특히 옷이나 신발류는 당신의 몸이나 발에 맞는지 확인할 방법이 없다. 셋째, 인터넷 상의 결제 수단에 보안 문제가 생길 수 있는 위험부담이 있다. 넷째, 판매상의 신용도를 정확히 확인할 수 없다. 심한 경우 사기 판매의 가능성도 열려 있다. 다섯째, 배달 속도의 문제가 있다. 인터넷에서 구매한 물건은 택배로 배송되는데 빠르면 하루 이틀, 늦으면 1주일 이상이 걸리기도 한다. 어떤 때에는 배송 과정에서 문제가 발생하기도 한다. 그리고 제품에 대해 불만이 있을 경우 반품 내지 교환 과정이 번거로울 수가 있다.

인터넷 구매 후기가 화근이 될 줄이야

인터넷 구매를 하다보면 다음과 같이 황당한 경험을 하는 이들도 있다. 물론 항상 있는 일은 아니지만. 어느 한 친구가 당한 경험을 소개한다. 타오바오 인터넷 쇼핑몰에서 물건을 구매했는데 품질과 서비스 태도가 너무 안 좋아서 판매상에 대한 불만을 구매 후기에 올렸다는 것이다. 이로 인해 일이 복잡하게 되었는데, 매일같이 상대방이 메시지나 전화로 욕을 해대서 일상생활에 커다란 지장을 초래했다는 것이다. 결국 타오바오 고객 센터에 여러 차례 호소했지만 그곳에서도 해결할 방도가 없으니 경찰에 신고할 것을 권했다는 것이다.

이런 예가 아주 흔하다고 볼 수는 없다. 하지만 인터넷의 편리함 때문에 이용하는 고객이 증가하는 만큼 부수적인 폐단이 발생하는 것 또한 피할 수 없다. 현재 정부의 관련부서에서는 이러한 폐단을 없앨 방도를 연구하고 있는 것으로 알고 있다. 중국에서는 '12358 가격감독기관'에 전화를 걸면 소비자보호협회를 통해 판매상과 인터넷 쇼핑몰의 잘못된 서비스에 대해 구매자의 합법적인 권익을 보호받을 수 있다. 2016년에는 「인터넷 구매 가격 신고에 관한 규정」이 시행되어 인터넷구매에서 발생되는 소비자들의 불이익을 합법적인 방법으로 해결할 수 있는 길이 열렸다.

중국인의 옷차림, 이제는 개성의 시대로

정장, 레저복, 전통의상, 구미풍의 의상, 한국식, 일본식 계열 등 내가 좋아하기만 하면 못 입을 것 없다는 것이 오늘날 중국인이 의상에 대해 갖고 있는 의식이다. 의상에 대한 취향은 이미 개성화와 다양화의 길로 나아가고 있다. 맹목적으로 유행을 쫓는 시대는 지나갔다. 자기가 좋아하고 자기한테 어울리는 옷을 입는 추세다. 이제는 한 계절을 위해 여러 벌의 옷을 갖추고 있는 시대다. 고급브랜드 옷이 몇 벌씩 옷장 안에 걸려 있는 것도 그다지 신선한 일이 아니다. 환경보호에 대한 의식수준도 높아져서 천연재료나 색감이나 스타일이 자연친화적인 의상도 환영을 받는다. 남녀노소 구별 없이 함께 입을 수 있는 스타일의 옷도 최근 크게 유행하고 있는 편이다. 중년층 이상에서는 세계적으로 유명한 고급브랜드인 샤넬·루이뷔통·베르사체·바바리·구찌·발렌티노 등을 여전히 애용하기도 하지만, 대부분의 사람들이 차츰 싸고, 편리하고, 참신하고, 개성 강한 취향의 옷으로 대체하고 있다.

오늘날 중국은 세계 최대의 의상 소비국일 뿐 아니라 세계 최대의 의류 생산국이다. 최근 10년간의 발전으로 중국에는 국제적으로 유명한 의상디자이너들이 활약하고 있다. 대표적인 인물로 장자오다(張肇達)·궈페이(郭培)·량쯔(梁子)·뤄정(羅峥) 등이 있다. 중국 국가주석의 부인인 펑리위안(彭麗媛)이 다른 나라를 방문할 때 입었던 의상과 핸드백도 중국 광둥성(廣東省) 수도인 광저우(廣州)의 브랜드인 "리와이(例外)"이다.

건강 음식 추구와
불량 식품의 위험한 곡예

'먹는 것은 중국에서, 입는 것은 파리에서' 이는 세계의 많은 사람들의 입에 오르내리는 말이다. 의심할 여지없이 중국은 전통적으로 미식의 대국이며 평소 '먹는 것이 가장 최고[민이식위천民以食爲天]'이라는 말이 있듯이 음식에 대한 경배와 사랑을 엿볼 수 있다.

필자는 얼마 전 「혀끝의 중국(舌尖上的中國)」이라는 다큐를 보았는데 그 안에는 중국인의 음식과 인생에 대한 사랑이 묘사되어 있었다. 구체적인 인물들의 일화를 통해 중국 각지의 미식을 소개해 많은 인기를 끌었다. '어머니가 만들어준 음식'에 대한 추억을 불러일으키는 따뜻한 마음의 기록

영화였다.

이 영화를 보고 어렸을 때의 기억이 떠올랐다. 당시 어머니가 해주시던 음식은 채소류 요리가 주를 이루었던 것으로 기억한다. 주식은 오곡(五穀: 쌀, 보리, 콩, 조, 기장)에 채소 외에도 소량의 육식이 있었다. 음식은 데워 먹었는데 아마도 중국 일반 대중음식의 공통적인 특징이라 할 수 있겠다. 지금과 마찬가지로 식구들과 함께 둘러앉아 먹는 것도 중국적 특징이 아닐까 생각한다.

필자는 자칭 미식가로서 중국어로 말하면 '츠후오(吃貨, chi huo: 음식 먹기 좋아하는 사람. 대부분의 경우 각종의 미식을 찾아 즐기는 사람이나, 미식에 독특한 취향을 가진 사람들을 말한다)'에 속한다. 이런 개인적 취향 때문에 최근 중국의 음식 문화에 어떤 변화가 일어나고 있는지 많은 관심을 가지고 있다. 그동안 느꼈던 변화의 모습과 중국에서 매우 뜨거운 이슈인 불량 음식 문제에 대해 한국 독자들에게 소개하고자 한다.

음식도 이제는 건강을 위해

최근 중국인의 음식 문화에서 불고 있는 변화는 다음과 같이 두 가지로 요약할 수 있다. '먹긴 먹되 선택적으로 먹자, 맛도 좋지만 건강도 중요하다'이다.

오늘날 중국인의 식생활 문제는 기본적으로 해결되었다고 본다. 이제는 단순히 끼니를 때우기 위한 먹기보다는 영양을 어떻게 섭취하느냐의 방향으로 나아가고 있다. 이러한 추세에 발맞추어 매콤한 가재요리(麻辣小龍虾), 향긋하고 매콤한 게요리(香辣蟹: 쓰촨성 정통요리의 일종), 생선찜(水煮魚: 역시 쓰촨성 지역에 사는 사람들이 개발한 요리로 신선한 생선을 쪄서 만든 음식인데 육감이 매우 부드럽다. 매콤하지만 아주 강한 맛은 없어서 건강에 좋다는 소문으로 중국 전역으로 매우 환영을 받고 있는 요리다) 등이 최근 많은 사람의 사랑을 받아 식탁문화의 주역이 되고 있다.

21세기들어 갑자기 발생한 사스(SARS: 중증 급성 호흡기 증후군)와 쉴 새 없이 발생하는 가짜 혹은 불량 식품 문제 등으로 중국인들이 건강 문제에 신경을 쓰기 시작했다. 자연식이라 할 수 있는 과일이나 채소류의 음식이 사람들의 관심을 받기 시작했다. 수년 전의 중국인 식탁과 오늘날의 식탁에는 커다란 변화가 일어났다. 도시인 가정 절반 이상이 과일을 매일 섭취해야 하는 건강 필수품이 되었으며 시장에는 가지각색의 녹색식품이 등장하고 있다. 칼로리는 적고 건강에 좋다는 이유 때문이다. 필자가 어렸을 적에는 물자도 풍부하지 않고 한창 자라야 할 나이에 마실 우유도 없었다. 이제 오늘날 우유 산업은 전성기를 맞이하고 있다. 게다가 과거에는 상상도 못했던 건강을 위한 각종의 순우유, 탈지분유, 칼슘 성분이 풍부한 우유 등 온갖 종류의 우유들이 쏟아져 나오고 있다.

과거 중국인들은 냉동고 안에 보관되었던 닭, 오리, 생선을 먹었었다. 그런데 지금은 영양이 있는 신선한 식품을 추구한다는 점이다. 채소는 당연히 갓 따거나 뽑아 온 신선한 것, 주식인 쌀이나 밀가루는 최근 수확한 것, 닭이나 오리는 방금 잡은 것, 생선은 살아서 펄쩍펄쩍 뛰는 것을 먹어야 한다는 인식이 지배적이다. 이슬을 머금은 오이, 비행기로 공수해 온 신선한 리즈(荔枝: 남쪽에서 나는 과일), 식탁 위에는 바로 조금전까지도 살아서 꿈틀거리던 새우, 꼭지에 붙어 있는 잎은 선명한 녹색을 띠고 있는 복숭아 등 사람들이 우선적으로 따지는 것은 신선함이지 가격이 아니다.

어떤 식품에 영양가가 가득할까? 어떤 식품을 먹어야 노화를 방지할까? 식생활을 어떻게 배합해야 몸 안에 있는 산성과 알칼리성의 균형을 유지할 수 있을까? 건강을 위해 평소 어떤 식사를 해야 할까? 오늘날 중국인이 즐겨 입에 올리는 관심사다. 사실 건강이라는 측면에서 볼 때 가장 큰 적은 바로 중국인의 오랜 전통적 식사 습관이다. 세계적으로 유명한 중국요리는 그 자체가 맛의 대명사이다. 하지만 대부분의 중국요리는 조리할 때 튀기거나 볶는데, 대량의 기름을 사용한다는 것이 큰 문제점으로 떠오르고 있다. 상대적으로 채소의 섭취량은 적다. 대량의 정제된 탄수화물이나 동물성 단백질을 많이 섭취하는 편이다. 이런 식습관은 바로 전염성 질병이 중국에서 일단 발생했다 하면 그 전파속도가 매우 빠른 이유 중 하나라는 분석이 있다. 점차 이러한 잘못된 식생활 습관을 바꾸는 것이 국민 전체 건강을 위해 시급한 과제이다.

중국식 서양식? 서양식 중국식?

필자는 서양식 음식을 좋아한다. 밖에서 외식을 하거나 집에서 스스로 요리해서 먹기도 하는데 나름대로 일가견이 있는 전문가라고 자처한다. 오늘날 도시에 거주하는 35세 이상의 젊은이들 중 90퍼센트에 가까운 사람들이 양식을 즐겨 먹거나 경험해봤다는 통계가 있다. 소수의 상류층 사람만이 양식을 먹을 수 있다는 과거의 인식에서 벗어나 이제는 서양식도 중국에서 누구나 즐길 수 있는 보편적 음식이라는 걸 인정한다.

시대의 흐름에 따라 서양 문화가 중국에 유입되고 충돌·

모순·절충·융합의 과정을 거쳐 이제는 고급 호텔에서도 불란서식, 이탈리아식 고급 레스토랑이 문을 열고 있다. 통계에 따르면 지금까지 전국에는 각종의 서양 음식 관련 기업이나 식당이 10만여 군데에 이르고 있으며, 이제는 우리가 살고 있는 주변에서도 크고 작은 서양식 레스토랑, 까페, 서양식 선술집 등이 우후죽순처럼 생겨나고 있는 것을 쉽게 볼 수 있다.

재미있는 것은 비록 외형은 서양식 식당이지만 운영 방식은 중국식 특색이 많이 가미되어 있다는 사실이다. 우리가 평소 가는 서양식 음식점 중에는 술집이나 까페를 포함해 서양식 스낵 계통의 음식을 파는 곳이 많다. 그런데 많은 수의 서양식 스낵 음식점은 전형적인 중국식·서양식 결합의 형태가 많다. 식사를 하면서 포크나 나이프 대신 젓가락을 사용하고 서양식 식사 예절보다는 중국식으로, 까페를 가도 내부 장식이나 틀어주는 음악, 조명 등은 전형적인 유럽의 고풍 스타일인 경우가 많은데 메뉴를 살펴보면 소갈비, 중국식 국물 있는 국수, 죽 등 실내 분위기와는 다소 어울리지 않는 듯 싶은 중국식과 혼재되어 있다. 서양 음식 문화는 해외에서 들어온 외래문화다. 하지만 이제는 중국식과 혼재된 형태로 중국 음식 문화의 일부분을 차지하고 있다.

각종 불량 식품 문제

멜라민(Melamine) 분유사건

오늘날 중국인의 음식을 논하면서 절대 빠질 수 없는 주제가 식품의 안전문제다. 필자 또한 이 문제에 매우 많은 신경을 쓰고 있다. 갈수록 밖에서 외식하는 것이 꺼려진다. 그 이유는 최근 몇 년 사이에 중국에서는 각종 식품 안전문제가 발생해서 건강을 신경 쓰지 않을 수 없기 때문이다. 예를 들면 2008년 중국의 불량 분유 사건이 터진 경우다. 이는 아마 중국 최초의 초대형급 불량 식품 사건으로 기록될 것 같다.

사건의 전말은 다음과 같다. 중국의 산루그룹(三鹿集團)에서 생산하는 분유를 먹은 영아들 중에 신장 결석이 생기는 현상이 발생했다. 이를 철저히 조사한 결과 뜻밖에도 분유에서 공업용 원료인 멜라민(Melamine)이 발견된 것이다. 2008년 9월 21일까지의 통계를 보면 유아용 분유를 먹고 신장 결석 진단 및 치료를 받은 아이가 총 3만 9,965명에 달했고, 입원 중인 아이는 1만 2,892명, 이미 치료하고 퇴원한 아이는 1,579명, 사망한 아이도 4명이나 발생했다. 홍콩에서는 5명, 마카오에서도 1명의 환자가 추가 확인되었다. 이 사건은 아이를 키우는 부모는 물론 중국 전역에 걸쳐 식품에 대한 경각심을 일깨우는 매우 중요한 계기가 되었다. 설상가상으로 중국인이 일상적으로 많이 먹던 다른 브랜드의 유제품에서도 멜라민이 검출되면서 중국의 유제품 산업은 국내외적으로 큰 타격을 입었다.

이 사건으로 중국에 파급된 부정적인 영향은 실로 초대형급이었다. 일단 국제적으로 중국 식품에 대한 신뢰도 치명적으로 급하락했다. 여러 나라에서 중국의 유제품을 수입금지했다. 당연히 수출량이 줄어들면서 메이드인차이나(Made in China) 이미지가 국제적으로 급격히 실추된 것이다. 국내에서도 물론 자국산 유제품에 대한 국민들의 신뢰도도 크게 떨어졌다. 70퍼센트 이상의 중국인이 국산 제품을 선뜻 사지 않는다는 통계에서 보듯이 소비 패턴에도 큰 변화가 일어났다. 소비자들은 비싸더라도 점차 양질의 수입 제품을 선호하게 되었으며 어떤 이들은 해외 대리구매의 길을 찾기 시작했다.

이 사건의 여파로 중국 유제품의 판매량이 급감하고 수입 제품이 급격히 증가했으며 대체식품의 판매가 상대적으로 늘기 시작했다. 유제품 산업은 침체기에 접어들었고 낙농업에 종사하는 농가들도 큰 타격을 입게 되었다. 배상 등 관련 소송도 끊이지 않았다.

긍정적인 면도 있었다. 이번 사태로 인해 중국의 소비자들은 상품의 품질에 대해 고도의 관심을 갖기 시작했으며,

특히 식품 안전문제에 대해서는 이전과 비교할 수 없을 정도의 의심과 신중함을 갖게 되었다. 이런 경향은 유제품에 국한된 것만이 아니었다. 다른 식품에 대한 요구도 점차 까다로워지기 시작했다. 품질은? 안전은? 안심하고 먹고 쓸 수 있을까? 등의 문제가 식생활에 있어서 최우선이 되었다.

오늘날 중국 국내 도처 어디서든지 맛있는 음식을 먹을 수 있으나 필자를 포함해 주변인들은 장소나 음식 종류 선택에 있어서 매우 조심하는 편이다. 단지 건강 문제 뿐만이 아니다. 분유 사건에서 보듯이 잘못하면 생존의 문제로까지 연결될 수 있다는 생각에서다.

성장촉진제 사건

'쐉후이 햄(雙匯火腿: 호우투이火腿는 소세지류의 육가공 식품)'은 많은 중국 사람이 애용하던 가공식품이다. 필자와 가족들도 매우 즐겨 먹었다. 하지만 성장촉진제를 중국어로 '소우루징(瘦肉精, shou rou jing)'이라고 하는데, 이는 인체에 해로운 약물의 일종이다. 이것을 사료와 섞어서 돼지에게 먹인단다. 이렇게 하는 이유는 지방의 함량은 감소시키면서 성장을 촉진시키는 역할을 하기 때문이다. 지방은 적어지지만 살코기 성분을 증가시킨다. 하지만 이런 사료를 먹은 돼지고기를 사람이 먹으면 인체 내에서 심각한 문제를 일으킨다. 이 사건의 개요는 다음과 같다.

허난성(河南省) 멍저우(孟州) 등지에서 양돈가들이 돼지 사료에 금지 약품인 성장촉진제를 투입했다는 것, '쐉후이 식품회사(雙匯食品有限公司)'가 이 돼지고기를 납품받아 햄을 만들었다는 것이 폭로된 후 중국에서는 엄청난 파장이 일어났다. 이런 종류의 사건은 중국에만 국한된 것은 아니었다. 저 멀리 중남미의 멕시코에서도 유사한 사건이 계속 발생했는데, 2007년 멕시코에서는 성장촉진제 사료를 먹인 돼지고기를 먹고 200여 명이 병원에 입원했다는 보도도 있었다. 2011년 4월 10일, 유럽축구연맹은 홈페이지에 "중국 혹은 멕시코에서 축구경기에 참가하는 선수들은 도핑테스트를 통과하려면 음식의 원산지를 확인하여 성장촉진제 성분이 들어 있는 식품은 피해야 한다"는 경고문을 실었다. 왜 성장촉진제 같은 사건이 지속적으로 발생하고 있는가? 결국 돈이 문제였다. 이들 약품을 투약해서 돼지를 키우면 지방은 적고 살코기가 많아지기 때문에 이 약을 쓰지 않은 돼지보다 적어도 한 마리당 수십 위안의 돈을 더 벌 수 있기 때문이다. 눈앞의 이익에 어두운 양돈업자들은 인체에 유해할 수도 있다는 것을 알았음에도 비도덕적인 행위를 한 것이다. 이런 불법행위가 가능한 것은 배후에 유통 감독기관들의 직무유기와 기업들의 허술한 관리가 한몫을 한 것이다. 아울러 관련자들의 도덕적 책임 의식이 결여되어 있다는 것이 더 심각한 문제다.

　문제가 된 쌍후이 식품회사 제품에 대해 회사측 해명은 "18가지 사항에 대해 철저하게 제품을 검사하는데 성장촉진제 검사는 마침 이 18가지 항목에 들어 있지 않다"는 것이다. 정부의 관련 부서에서는 쌍후이 식품회사에 대해 책임자 처벌, 생산정지 등의 행정조치를 취했다.

엉터리 웨빙 사건

　성장촉진제 사건이 잠시 조용해졌다 싶었는데, 또 다른 식품 안전문제가 터졌다. 이름하여 '헤이신웨빙(黑心月餅)' 사건이다. '黑'은 '검다'라는 뜻 이외에도 중국에서는 '불법'이라는 의미로 사용된다. '心'은 음식 가운에 넣는 소 등을 말한다. '웨빙(月餅)'은 소를 넣고 둥근 모양으로 만들어 먹는 과자로 중추절에 반드시 등장하는 중국의 명절 음식이다. 중추절은 중국의 3대 명절 중 하나이다. 이날이 되면 중국인들은 보름달의 둥근 모양을 상징하는 가족모임의 의미를 살려 식구들이 함께 모인다. 아울러 고향이나 다른 곳에 떨어져 있는 다른 식구들을 그리워하는 명절이다. 이날 모든 중국인 가정에서 웨빙은 절대로 빠질 수 없는 소중한 전통 명절 음식이다. 이날 이외에도 달달한 음식을 좋아하는 사람들은 웨빙을 간식 삼아 즐겨 찾기도 한다.

중추절이 다가올 즈음 중국 전국의 상점에는 각양각종의 웨빙을 판매하기 시작한다. 전국민의 사랑을 받는 음식이기 때문에 딴마음을 먹은 이들이 이 기회를 놓칠 리가 없다. 2016년 9월 중국 동북부에 위치한 지린성(吉林省) 창춘(長春)의 뤼웬 지역 공안국은 관할지역에서 엉터리 웨빙을 가공하는 불법 작업장을 급습했다. 이 공장의 주인은 웨빙 안에 넣는 소에 각종의 형편없는 재료를 사용했다. 우선 유효기간이 지난 썩은 달걀과 곰팡이가 슨 원료를 웨빙 재료에 섞었으며, 여기에 사용된 밀가루의 색은 검게 변해 있었다. 작업장 내에는 파리가 득실거리고 오염된 물이 도처에 흥건해 작업 환경을 보면 구토를 일으킬 정도로 매우 지저분했다. 겉포장도 매우 조잡하고 어느 회사가 만들었는지에 대한 설명도 없었다. 유효기간 유지를 위해 반드시 해야 하는 고온 열처리 작업도 생략하고 대량의 불법 첨가제를 사용한 소위 '헤이신웨빙'을 만들고 있었다.

어찌 이 사건 뿐이겠는가? 2016년 9월, 중국 남쪽 광둥성(廣東省) 둥관(東莞)의 식품 단속반은 선전(深圳) 난링(南岭) 모처에서 위와 유사한 과정을 거쳐 웨빙을 만들고 있던 가짜 메이신(美心)·룽화(榮華)·반다오(半島) 등의 상표를 부착한 비밀 작업장을 단속했다. 물론 이들 불법 제품을 만든 조직이나 일원들은 법의 심판을 받았다. 하지만 유사한 사건이 계속 터짐으로 인해 필자는 명절에 웨빙을 먹겠다는 생각이 완전히 사라졌다 필자와 같은 생각을 갖고 있는 다른 중국인이 적지 않으리라 생각한다.

웃지 못할 또 하나의 재미있는 현상은 이런 사건들이 계속 발생하자 중추절이 다가오면, 수작업으로 첨가제 없이 개인이 직접 만들었다고 하는 홈메이드(home made) 웨빙 관련 광고가 SNS에 뜬다는 사실이다. 사실 이들 중에는 이미 다른 공장에서 생산한 웨빙을 홈메이드 웨빙으로 탈바꿈시켜서 파는 경우도 있다. 첨가제를 넣지 않았다고 표방했지만 조사 결과 '티옌쑤(甜蜜素: 시클라메이트)'라는 첨가제가 들어 있는 경우도 적발되었다. '시클라메이트'는 식품을 만들 때 자주 사용되는 첨가제지만 만약 함량을 초과한 식품을 계속 먹게 되면 인체 내 간장과 신경계통에 악영향을 미친다. 특히 신진대사 기능이 약한 노약자, 임산부, 아이들한테는 매우 치명적이다. 어떤 이들은 이런 홈메이드 제품을 맹신한 나머지 관련 광고를 SNS상의 친구들에게 부단히 펴나른다. 하지만 친구들이 추천했다고 해서 과연 믿을 만한가? 자기도 모르는 사이에 이들 친구들은 불법 제조업자들을 도와주고 있는 것은 아닌지?

죽음을 불러온 가짜 술

함께 모여 식사할 때나 여유가 있을 때 가볍게 한잔 하는 것도 생활 속의 즐거움이다. 하지만 필자와 주변의 친구들이 정도는 다르지만 가짜 술을 마신 경험이 허다하다. 술을 살 때 어떤 것이 가짜 술인지 알아낸다는 것은 일반인으로서 결코 쉬운 일이 아니다. 어쨌든 신중에 신중을 기할 수밖에 없는 것이 중국의 현실이다.

오늘날 중국에서 발생하는 가짜 술 사건은 크게 두 가지 유형이다. 하나는 영세상이 가짜 유명주를 만드는 것, 둘째는 공업용 알코올을 이용해서 바이주(白酒: 질 좋은 곡물로 빚은 곡주로 고량주라고도 한다)를 만들어 파는 행위이다. 주로 농촌에서 발생하는데 문제의 심각성은 잘못되면 눈을 멀게 하거나 목숨까지 앗아간다는 사실이다. 몇 가지 실제 사례를 보자.

1998년 1월, 산시성(山西省) 원수이(文水)현의 왕씨 성을 가진 농부가 2,400킬로그램의 공업용 메탈알코올을 구입해 이 것저것 섞어서 가짜 명품 바이주를 만들어 산시성 쉬저우(朔州)의 어느 도매상에 내다 팔았다. 메탈알코올은 킬로그램 당 0.3~1g을 희석해 섭취하더라도 목숨을 잃게 된다. 원가 수십 위안의 이 가짜 술은 시중에서 수백 위안에 팔렸다. 1998년 1월 26일부터 단 며칠 사이에 이 가짜 술을 마신 사람들 중

27명이 사망하고 222명이 입원하는 엄청난 사건이 터졌다.

2016年 난징(南京) 공안국 식약품 및 환경 범죄 단속팀은 장닝(江寧), 치샤(栖霞) 등지의 팀과 연합해 가짜 술 제조 공장을 단속했다.

2017년 1월 5일, 허난성 신양시(信陽市) 화이빈현(淮濱縣) 공안국은 대형 가짜 술 사건을 적발해 4,500여 병의 가짜 술을 압수했는데, 금액이 무려 1,000여만 위안(한화 약 17억 원 정도)에 해당되었다.

아무리 단속을 해도 이런 사건이 중국 사회에서 계속 발생함에 따라 결국 조심해야 할 몫은 우리 소비자들이다. 가짜 술을 마시게 되면 마음만 상하는 것이 아니라 몸까지 상하는 게 더 큰 문제다. 자칫하면 목숨까지 위협받을 수 있기 때문이다. 가짜 술을 감별한다는 것은 쉬운 일이 아니므로 검증된 경로를 통해서 사야 하는 것이 우리가 취할 수 있는 가장 최선의 방법이다.

폐식용유 사건

외식을 즐겨하던 필자도 각종 불량 식품 파동을 겪으면서

부터는 외식을 두려워한다. 결국 집에서 스스로 만들어 먹는 것이 가장 안전하지만, 집에서 사용하는 식자재라도 결코 100퍼센트 믿을 수 없다는 것이 슬프다. 이 또한 중국 사회의 현실이다. 이번에는 중국요리의 필수 요소인 식용유에 관해 이야기해 보자.

중국 음식은 지지고 볶고 튀기는 요리들이 주를 이룬다. 이 과정에서 식용유는 절대적으로 필요한 존재다. 한마디로 식용유가 없다면 중국요리를 한다는 것 자체가 불가능하다. 이는 모든 중국 사람이 식용유를 사용한다는 말이 된다. 이 점을 악용한 불량 식품이 등장했다. 이름하여 '디궈유(地沟油, di gou you)'라는 불량 기름이다.

'디궈유'란 생활 속에서 존재하는 각종 저질의 기름을 일컫는다. 사람들이 쓰고 버린 식용유, 음식을 여러 번 튀긴 후 남은 기름 등이 이에 속한다. 한국어로 하면 폐식용유 정도에 해당될 것이다. 최근 식용유란 이름을 빌려 판매되는 폐식용유들은 앞서 말한 폐식용유보다 훨씬 형편없는 저질에, 유효기간도 지난 데다가, 부패한 동물의 가죽이나 고기 내장 등을 간단하게 손질해서 대충 재생산해낸 아주 불량 중의 불량 기름이다. 불량 식용유의 출처를 보면 하수도나 기름 분리기에서 나온 것들이다. 이 기름을 취합해서 여러 차례 여과 및 침전, 분리 작업을 거치면 악취가 나던 폐유들이

버젓한 식용유로 둔갑해버린다. 그러고는 저렴한 가격으로 판매되어 다시 사람들의 식탁 위에 올라간다. 이들 폐유 속에는 트리아실글리세리드(Triacylglycerides)라는 성분이 그대로 남아 있어서 이를 다량 흡수하면 비만, 동맥경화, 심장 비대증에 걸리기 쉽고 지방간 수치가 올라간다. 아울러 진짜 식용유보다 암에 걸릴 가능성이 매우 높아진다. 하지만 돈에 눈이 어두운 자들은 자가 생산한 폐식용유를 저렴한 가격으로 식당이나 양식장, 화학 공장, 심지어는 학교 식당에까지 양심과 함께 팔아넘겨졌다. 악랄한 범죄행위를 저지른 것이다. '디궈유(폐식용유)'는 오늘날 중국인들이 조심해야 할 불량 식품의 대명사 위치에 올랐다.

이와 관련된 사건 하나를 간단히 소개하면 2011년 10월 중국 동남쪽 저장성(浙江省) 진화시(金華市) 경찰이 적발한 현지의 가짜 식용유 작업장에는 돼지, 소, 양 등을 도살한 이후 남은 내장과 각종 동물들의 가죽이 대량으로 쌓여 있었다. 이들을 원료로해 만든 가짜 식용유는 쑤저우(蘇州), 상하이 등지의 유지(油脂)회사로 팔려나갔으며, 이후 이 식용유는 각종 식품과 샤부샤부 등의 요리에 사용되었다. 경찰은 당시 이들 작업장 13곳을 적발, 100여 명을 체포했으며 현장에서 3,200톤이나 되는 가짜 식용유를 적발했다. 장시성(江西省), 허난성, 충칭(重慶) 직할시 등지에서도 폐식용유를 이용한 가짜 식용유 사건이 적발되는 등 전국적으로 많은 중국인들이 가짜 식용유를 먹었음을 알 수 있다.

이상과 같은 사건을 접하면서 한국의 독자들은 중국에서 가짜식품의 문제가 얼마나 심각한지를 알 수 있을 것이다. 통계에 의하면 중국에서는 전인구의 거의 97퍼센트나 되는 사람들이 가짜 혹은 가짜를 섞은 음식을 먹은 적이 있다고 한다. 가짜식품의 종류는 정말로 다양하다. 창피한 일이지만 다음몇 가지 종류만 보더라도 중국은 정말 기상천외한 가짜식품의 천국이라 할 수 있다.

- 성장 저해 오이: 피임약이나 에스트로겐 등을 발라서 신선하게 보이는 오이다. 오이에 묻은 이 성분을 다량 복용하면 임신하지 못하거나 성장 저해, 심지어는 아예 아이를 낳지 못하는 무서운 결과를 가져올 수 있다.

- 염색 만두: 유효기간이 지난 만두를 다시 회수해서 색을 입히고 방부처리해 생산 날짜를 바꾸어 되팔아 사회적 물의를 일으켰다. 사카린나트륨과 같은 인공 감미료 등도 섞여 있어 장기 복용 시 아이들 성장 발육에 영향을 미칠 수 있다.

- 호르몬 과일: 호르몬을 주입해 모양이 특별히 크고 외관은

광택이 나며 아름다운 색을 띠나 별 맛이 없다.

• 소고기로 둔갑한 돼지고기: 소고기 액기스란 제품이 있다. 이는 신선한 소고기로부터 지방을 제거하고 농축해 얻는 갈색의 추출물인데, 식당 등에서 원가를 절약하기 위해 이들 추출물을 돼지고기에 입혀서 소고기로 둔갑시킨다. 장기간 사용하면 만성중독이 되어 암을 유발시킬 수 있다.

• 독성 콩나물: 성장기간을 단축시키고 수확량을 늘리기 위해 재배 과정 중 인체에 해로운 각종의 첨가물을 넣은 콩나물을 말한다.

이런 예를 보면 정말 섬뜩해진다. 대부분이 우리가 일상 생활에서 자주 애용하는 식품들인데 이런 불량품들이 우리의 위 속에 들어간다고 상상해보자. 중국 국무원(國務院)도 사태의 심각성을 인지해 최근 식품에 첨가되는 항목에 대해 좀 더 엄격한 조항을 만들고 처벌 수위를 높여 관련자는 사형에 처할 수 있도록 하는 새로운 법령을 발표했다.

부동산 투기 열풍과 부조리

주택 구매 열풍

　필자는 아직도 생생하게 기억한다. 과거 중국의 일반 서민들이 사는 가옥은 면적도 작고 시설 또한 누추하기 짝이 없었다. 그리고 여러 가구가 마당 하나를 공유하는 형태의 가구들인 북방의 다가구 형태 '다자이완(大雜院)', 남방 다락방 모양의 '팅쯔젠(亭子間)' 할 것 없이 집들이 다닥다닥 붙어 있으며 매우 무질서한 듯한 느낌이었다. 농촌의 경우 북쪽 내륙지방은 대부분 흙벽돌로 지은 집이었으며, 남쪽은 대부분이 풀로 이은 초가집 형태였다. 집들은 낡아서 수리하려면 꽤 많은 시간과 노력을 쏟아야 할 정도로 누추한 모습이었는데, 아직도 필자의 뇌리 속에 남아 있다. 교육공무원 신분인 필자조차도 대학 졸업 후 갓 강의를 시작했을 당시 시행되던 주택공급 제도에 따라 기숙사에서 단체생활을 했다. 가정이 있는 경우에도 같은 직급의 동료와 함께 좁은 단독주택에서 살기도 했다.

개혁개방 이후 특히 주택 관련 제도가 바뀌면서 사람들이 사는 거주지의 면적이 넓어지기 시작함과 동시에 거주 조건도 눈에 띄게 개선되기 시작했다. 새로운 형태의 아파트 단지가 들어서고 있으며 별장 형태의 고급 아파트들도 생겨나고 있다. 한편으로는 중저 수입층의 가정을 위해 정부는 그들의 수입으로도 구매할 수 있는 경제적인 서민주택을 공급하고 있다.[1] 사람들의 선택도 다양해지기 시작했다. 고층형 아파트, 복층형 주택(외형은 1층이지만 내부가 2층으로 구성된 주택이나 아파트), 여러 아파트가 몰려 있는 단지, 개인 정원이 딸린 별장 형태의 가옥 등 주거 형태가 다채로워지기 시작했다. 필자 본인도 주택제도 개선에 힘입어 비교적 큰 규모의 아파트를 갖게 되었다. 현재 살고 있는 이곳은 시야가 확 트인 고층아파트다. 단지 가격이 좀 만만치 않은 편이지만 오늘날 중국인의 입는 문제, 먹는 문제는 기본적으로 해결이 되었다. 남은 문제는? 주택이다. 이제는 주택 구입 붐 또는 투기 목적의 주택 사고팔기 열풍이 일었다. 주택 구매 붐은 베이징(北京) 상하이, 광저우(廣州)와 선전(深圳) 등 소위 일급의 대형도시에서 시작해 항저우(杭州), 쑤저우(蘇州), 난징(南京), 청두(成都), 시안(西安) 등 2~3급 도시로 확산되었다. 중앙정부는 직접 개입하지 않고 원칙적으로 지방정부 스스로 알아서 지나친 주택가격 상승을 억제하도록 했다. 하지만 지방정부는 오히려 주택가격이 너무 급격하게 떨어지는 것은 원치 않는다. 지방정부가 주택을 지을 수 있는 부지 판매를 재정수입의 상당부분으로 충당해왔기 때문이다. 그래서 기이한 현상이 발생하게 되는데 지방정부는 마지못해「주택구매제한정책」을 발표하면서도 새로운 부지 공급을 제한했다. 부지가 새로이 공급되어 주택 공급을 더 늘려야 주택 가격이 안정될 수 있겠지만 편법을 쓴 것이다. 당연히 새로 공급되는 부지는 가격이 천정부지로 뛰었다. 주택 투기열은 꺼지기는커녕 다시 한 번 뜨거워지기 시작했다. 호화 주택, 소형 단독주택, 콘도미니엄, 국제 단지 등 각종 형태의 부동산이 투기의 주요 대상이 되었다.

중국인들의 관념 속에는 주택은 집안의 가장 중요한 재산이요, 결혼이나 행복과 아주 밀접한 존재로 인식한다. 자신의 집을 소유하는 것이 절대다수의 목표다. 이렇게 주택 구매 붐 이면에 다음과 같은 아름답지 못한 부작용을 불러왔다.

부동산 투기가 가져온 비극

베이징에 사는 한 부부가 있었다. 그들은 은행에서 돈을 빌려 매매가 가능한 소위 상품주택(중국에서는 상품방商品房이라 한다) 두 채를 샀다. 베이징의 집값이 폭등해 부부는 큰 이윤을 얻게 되었다. 그래서 세 번째 집을 구매하고자 했다. 그런데 베이징 시정부의 '런팡런다이(認房認貸) 구매 제한' 조치로 인해 더 이상의 구매가 불가능하게 되었다. 구매 제한 조치 내용을 설명하자면 이렇다.

은행에서 처음 대출을 받아 주택을 구매하더라도 만약 전산 시스템에 이미 기존의 주택이 있으면 대출받아 사는 첫 번째 주택도 두 번째 주택으로 간주된다. 또한 가족의 범위는 대출 신청인 본인과 그의 배우자 및 그의 미성년자 자녀가 포함된다. 따라서 이들 구성원 내에서는 세 번째 주택을 구매할 수 없다. 이를 '런팡(認房)'이라 한다. 은행에서 대출을 받아 첫 번째 집을 구매한 후 이 집을 팔고 다시 대출을 받아 다른 주택을 구매하더라도 이 집은 두 번째 주택으로 간주되어 더 이상 구매할 수가 없게 된다. 이를 '런다이(認貸)'라고 한다.

이들 부부는 결국 합의이혼 방식의 편법을 통해 두 채의 주택을 우선 부인의 명의로 돌려놓고, 남편이 세 번째 집을 사면 다시 합치는 것으로 했다. 이혼 후 남편이 대출을 받아 집을 사려고 할 즈음 부인과 연락이 끊어졌다. 집도 이미 전매된 상태였으며 부인은 종적을 감추었다.

이런 예는 '설마 그럴까' 하는 아주 극단적인 예라 치부할 수도 있다. 하지만 상하이의 일부 부부들이 「주택구매제한 규정」을 피하기 위해 이혼 등의 편법을 동원하는 풍조가 있어 너무 황당하다고 비판하는 뉴스가 보도된 적도 있다. 이로 보면 단지 극소수 몇 사람에만 그치는 일이 아닌 것만은 확실하다. 부동산 투기의 과욕이 부른 병폐 현상이 대도시 곳곳에서 일어나고 있다.

이혼 이외에 다른 사람의 명의를 빌려 가짜 등기하는 방법도 동원되었다. 편법은 예상치 못한 또 다른 부조리를 낳는다. 실제 사례를 보자.

이 선생은 베이징에 집 두 채를 갖고 있다. 「주택구매제한정책」을 피해 가기 위해 그는 베이징 교외에 사는 친척 조 선생의 명의로 주택을 사면서 담보대출을 받았다. 1차 납입금과 수속비는 물론 이 선생이 지불했다. 주택 구입 후 그는 다시 자신의 명의로 이전하려고 했다. 그리고 조 선생에게 사례금을 지불하고자 마음먹었다. 그런데 조 선생은 곧 결혼을 앞두고 있었다. 신혼집을 구매하려고 하는데 이미 자신의 명의로 집 한 채가 등록되어 있으니 은행으로부터 대출 우대 조건의 혜택을 받을 수가 없게 되었다. 조 선생은 후회하며 자기 명의의 집을 이 선생에게로 등기이전하기를 거부했다. 쌍방은 이 집의 재산권과 그동안 집 가격 상승분에 대한 귀속 문제를 놓고 결국 재판까지 가게 되었다.

부동산을 투기 대상으로 삼는 계층을 제외하고 실제로 자신이 거주할 주택을 구매하고자 하는 일반인에게 중국의 주택 가격은 너무 비싸다. 주택 구매자의 주력 부대는 아무래도 가정을 꿈꾸는 젊은이들 또는 외지에서 들어와 베이징, 상하이 등 대도시에서 계속 일을 하려는 사람들일 것이다. 이들은 온갖 방법을 동원해 주택 구매 계약금을 마련한다. 아마도 그들이 수 년간 벌어서 저축했던 돈이거나 심지어는 앞으로 열심히 저축해서 갚아야 할 적지 않은 액수의 돈일 것이다. 계약금 지불이 끝나면 그때부터 은행 대출금을 갚아 나가기 시작해야 한다. 그들은 앞으로 20년간 매달 4천 위안(한화 약 68만 원) 또는 그 이상을 갚아나가야 한다. 그들의 미래 수입이 이를 보장해 줄 수 있을는지? 결국 집 한 채를 사기 위해 그들은 평생 소비를 줄이며 자신이 하고 싶은 많은 것을 포기하면서 사는 수밖에 없다.

'구이청' 유령도시의 출현

중국어로 '콩즈팡(空置房, kong zhi fang)'이라는 단어가 생겨났다. 이는 주택이 완공된 지 1년이 지났는데도 팔리지 않는 집들을 말하는 새로운 단어다. 심지어는 이를 통속적으로 '구이청(鬼城, gui cheng)'이라고도 한다. 다시 말해 '유령의 도시'로 번역될 수 있겠다. 전국적으로 유명한 대규모 유령 주택단지로 네이멍구(內蒙古)자치구 어얼두오쓰(鄂爾多斯)의 신시가지인 캉바스(康巴什), 네이멍구자치구 수도인 후허하오터(呼和浩特)의 칭수이허(淸水河), 허난성 수도 정저우(鄭州)의 정둥(鄭東) 신시가지, 허난성 남부 도시인 신양, 장쑤성(江蘇省) 창저우(常州), 윈난성(雲南省) 쿤밍(昆明)의 청궁(呈貢)구 등 10여 지역에 대규모 유령 주택단지들이 있다. 중국에서 일어난 주택 구매 열기 또는 투기 열풍의 현상은 이론적으로 주택의 공급이 수요를 따라가지 못해서 일어나는 현상일 것이다. 하지만 현실은 반드시 그렇지는 않다. 도시발전계획에 따라 도시가 정비되고 신시가지가 생겨나고 개발되면서 이곳의 주택 가격은 일반 서민들은 꿈꾸지도 못할 만큼 폭등했다. 이에 비해 주거 환경이나 생활 편의시설 등이 갖추어지지 않은 곳도 많다. 가격은 비싸면서 주거환경이 그다지 양호하지 못하면 팔리지 않는 것은 당연한 이치다. 지역에 따라 구매자가 없어 빈집인 채로 남아 있는 곳도 많은 것이 중국 사회의 또 다른 한 면이다. 이들 주택가나 단지들은 거주하는 사람들이 없어 밤이면 칠흑같이 어두워 '구이청', 즉 유령의 도시로 불린다.

최근 통계에 의하면 정부가 공급하는 저가형 주택인 소위 '바오장팡(保障房)'이 19만 채나 비어 있고, 수백 억 위안의 건설자금이 묶여 있다고 하니 집주인이 없는 주택 문제가 상당히 심각함을 알 수 있다. 2016년 5월까지 전국의 현(縣)급 또는 현급 이상의 신시가에서 약 3,500여 곳에 크고 작은 '구이청'이 있고, 2016~2017년 공실율이 20퍼센트에 달한다 하니 심각한 문제가 아닐 수 없다. 변방의 낙후된 도시서부터 경제가 발전한 동부해안 지역까지 도처에 살지 않는 고층의 유령 주택단지가 팔리지도 않는데 가격은 떨어지지 않고 있다. 지방정부의 지나친 욕심과 부동산의 난개발 등이 그 원인 중 하나이다. 베이징 제2 내부순환구역 안에 있는 주택은 가격이 평균 1평방미터에 8만 위안(한화 약 1,360만원), 상하이 제2 내부순환구역은 평방미터당 약 6만 위안 정도(한화 약 1,020만원), 선전(深圳)은 약 4만 위안(한화 약 680만 원) 정도에 달한다 이러니, 어느 한쪽에선 공실률이 높아 걱정이고 또 한쪽에서는 사고 싶지만 평생을 벌어도 살 수가 없는 모순된 현실이 존재하는 것이 중국의 현 실정이다. 그동안 부동산으로 이끌어왔던 내수경제의 한 축이 앞으로 얼마나 지속될 수 있을는지?

폭력으로 얼룩진 강제 철거 및 이주

부동산 개발이 진행되면서 이에 따른 부작용이 속속 나타나고 있다. 그중 가장 비인간적이고 불법적인 행태가 이름하여 강제 철거다. 폭력을 동원해 강제로 철거시키는 데다가 이에 응하지 않으면 단수·단전 등의 조치가 취해진다. 중국의 법률은 불법으로 강제 철거할 수 없도록 명확히 규정하고 있음에도 폭력적인 강제 철거가 공공연하게 자행되고 있다.

강제 철거의 원인은 여러 가지 있다. 개발주들이 합리적인 보상을 해주지 않거나 국가에서 규정한 보상금을 담당 관리자가 중간에 횡령하거나 등이다. 또한 지방정부에서는 책임을 지지 않기 위해 전문 철거 기업에 위탁을 주거나 심지어는 법에 대한 별 의식이 없는 철거 작업반을 암암리에 동원하여 활용한다. 그들은 무자비한 폭력을 휘둘러 그곳에 살고 있는 사람들을 강제로 이주시킨다. 또는 반대로 개발계획이 진행됨에 따라 좀 더 많은 보상을 받기 위해 끈질기게 버티다가 강제로 철거되기도 한다. 중국 도처에서 이와 관련

된 사건이 빈번하게 발생하는데 심지어는 목숨을 잃는 사례까지 등장한다. 예를 들면,

- 2010년 11월 1일 산시성 타이위안(太原) 진위안(晋源)구에서 살던 부부가 잠을 자다 갑자기 집을 부수는 강제 철거작업 때문에 잠을 깼다. 이로 인해 사람이 다치고 살인사건까지 발생했다.

- 2014년 8월, 허난성 신정시(新鄭市) 룽후구(龍湖區)에 사는 부부가 한밤중에 자다 갑자기 사람들에게 강제로 끌려가 4시간 동안 감금당했다. 후에 집에 돌아와 보니 4층집 건물은 이미 완전히 부서져 폐허로 변했다. 이 경우는 집주인의 버티기 작전으로 인해 발생한 강제 철거 사건이다.

- 2016년 2월 5일 오전, 우한시(武漢市) 홍산구(洪山區) 판차오(板橋)촌에서 발생한 강제 철거 작업으로 10여대의 고급 승용차가 부서져서 상당한 금액의 피해가 발생했다.

- 2016년 4월 20일에는 외국으로 여행을 갔다 돌아오니 자신의 3층집이 완전히 철거되어버린 황당한 사건이 발생했다.

이상과 같은 강제 철거 사건은 매체에 보도되는 것 이외에도 훨씬 많을 것이다. 이 과정에서 철거반 측과 주민 측과의 집단적인 충돌은 피할 수가 없다. 그래서 많은 사람이 다치고 심지어 살인사건까지 발생하니 중국 사회가 발전하면서 파생되는 비극이라 하지 않을 수 없다.

중국 사회의 빈부격차가 점점 심각해지고 있다. 중국경제가 비약적으로 발전해 이제는 G2의 대열에 들어서 있지만 개인 평균 소득을 놓고 보면 아직도 갈 길이 멀다. 2016년에는 220만 명의 중국 관광객이 미국에 가서 230억 달러를 소비했다고 한다. 하지만 2억 명이 넘는 도시의 일반 노동자들의 월수입은 겨우 1,200여 위안(한화 20만 원 남짓)에 불과하다. 물가는 뛰고 주택가격은 천정부지로 오르고 국수 한 그릇에 10위안 이상 가는 것이 오늘날 중국 사회의 현실이다. 1,200위안 남짓의 돈으로 자신의 집을 장만한다는 것은 꿈같은 이야기다. 부유한 계층은 국내에 호화 주택을 소유하고 있을 뿐만 아니라 해외에도 별장을 갖고 있다. 이해 비해 일반 서민들은 오랫동안 일하면서 저축해서 번 돈으로 가까스로 집 한 채 장만하는 경우가 대부분이다. 하지만 평생 노력해도 자기집 장만은 요원한 꿈인 경우도 적지 않다. 이들 중 빈곤 계층의 주거 문제를 어떻게 해결해야 할 것인가 하는 것이 중국 사회가 풀어나가야 할 숙제이다.

교통수단은 초현대화,
교통의식은 뒤죽박죽

필자가 기억하기에 어렸을 적 중국 도시의 교통은 매우 불편했다. 사실 그 당시는 그것이 불편한지 어쩐지도 몰랐지만 오늘날에 와서 보면 당시와 현재는 완전히 다른 시대를 살고 있다는 느낌이 든다. 베이징이나 상하이에는 전차(電車, 긴 막대봉이 위의 전선줄에 연결되어 운행되는 버스)나 자동차가 비교적 많았고, 일반 중소도시에는 자전거나 인력거가 대부분이었다. 하지만 자전거도 수량이 그다지 많지 않았던 것으로 기억된다.

그래서 그 당시만 하더라도 결혼할 때 신혼부부가 준비하는 중요한 혼수품으로 자전거, 시계, 라디오가 있었는데 자전거가 그중 하나에 들어갈 정도로 귀한 존재였다. 농촌의 경우 북쪽에는 마차, 남쪽에는 소가 끄는 수레나 수로를 운행하는 배가 있었다. 하지만 어느 지역이건 보행이 가장 기본적인 교통수단이었다.

개혁개방 이후 교통 조건이 빠른 속도로 개선되기 시작했다. 국가가 적극적으로 각 노선의 철도와 고속도로, 교량을 건설해 동서남북을 연결하는 교통망을 구성하면서 중국의 교통체계는 커다란 발전과 새로운 면모를 갖게 되었다. 운송수단도 고속버스, 지하철, 고속철, 비행기 등으로 다양해졌다. 특히 고속철은 교통 현대화의 상징적 존재다. 2009년 말 중국의 총 철도 길이는 이미 세계 2위를 기록했는데, 이제는 고속철 발전에 많은 투자가 이루어져서 길이 7,431킬로미터로 세계 1위를 차지하고 있다. 중국의 고속철은 운행속도가 가장 빠르고 건설 규모도 가장 큰 나라가 되었다. 2017년 현재 새롭고 가장 현대화된 교통수단으로 중국인들의 환영을 받고 있다.

도시의 대중교통도 급속도로 발달했다. 온갖 종류의 교통수단이 등장하고 버스노선도 많아지고 시설도 좋아졌다. 옛날 구식형 버스에서 탈피해 이제는 일반 버스, 호화 버스, 이층 버스 등이 시내를 돌아다닌다. 시내버스 안에도 이제는 에어컨이 설치되고 텔레비전도 설치되어 있다. 택시는 특수

층만 탈 수 있는 고급 교통수단에서 벗어나, 누구든지 손을 흔들면 아무 데서나 잡아 탈 수 있고 인터넷으로 차를 예약할 수 있어서 매우 편리하다. 자가용도 이제는 일반 집안의 주요 교통수단이 되었으니 그야말로 중국의 교통은 적어도 물리적인 면에서는 초현대적으로 발전한 것 같다. 그러나 중국인의 교통의식은? 아직은 선진국 수준이 되기에는 우주만큼이나 멀리 있는 것 같다. 오늘날 비약적으로 발전한 중국의 교통수단을 구체적으로 설명하기에 앞서 일단 중국인들의 일상생활에서 고쳐야 할 잘못된 교통 의식부터 살펴보고자 한다.

중국인의 교통질서 의식: 건널까 말까?

'건널까 말까?' 이는 도시 길거리의 건널목에서 빈번히 마주치는 어려운 문제다. 길을 건너기 위해 기다리고 있을 때 빨간 신호등이 켜지면 당연히 멈춰서 기다려야 한다. 하지만 주변에 서 있던 사람들이 우루루 건너간다. 소위 말하는 '중국식 길 건너기(中國式過馬路)'다. 나만 혼자 남아 있다고 상상해보자. 얼마나 어색할까? 머릿속에는 나도 건너갈까 아니면 신호등을 준수할까 하는 생각이 계속 맴돈다. '중국식 길 건너기'의 의식에는 많은 사람이 그렇게 하면 비난을 하지 않는다는 대중심리가 작용한다. 그래서 신호등을 무시하고 많은 사람이 떼지어 건너가는 고질적인 무질서 현상이 존재한다. 물론 이를 관리하는 교통정책의 부실함도 한 원인이 되겠지만 더욱 중요한 것은 중국인들의 의식 문제이다. 중국의 이러한 보행 태도는 일종의 질병이며 하나의 경고다. 행인들 스스로 깨달아야 하는 부분임에도 신호등을 무시하고 건너는 것은 사실 자신에게도 위험을 불러오는 행위다. 벌금 등의 방식으로 이를 제어할 수 있겠지만 더욱 중요한 것은 지속적인 계도를 통해 스스로 당연히 해야 할 습관처럼 몸에 배도록 해야 할 것이다. 이런 문제는 어찌 길을 건너는 문제에만 국한 되겠는가? 이러한 의식 부재를 보여주는 또 다른 예가 있다. 신문 한 귀퉁이에 실린 이야기다.

어느 학교에서 학생들에게 스스로 '세 가지 선행(三好)을 하고 이를 발표하라고 했다. 평소 그다지 적극적이지 않던 루라는 학생이 '저는 학교 식당에서 2년간 밥을 먹으면서 한 번도 새치기한 적이 없습니다'라고 발표했다. 루는 학교 기숙사에서 거주하며 일주일에 6일 학교에 등교한다. 휴일을 빼면 그는 학교에서 모두 1,440번 식사를 한 셈이다. 2년간 루는 매일 같이 많은 학생들이 새치기하는 것을 보았지만 자신은 고지식하게 규칙을 지키고 자신의 순서를 지켰다. 원래는 지극히 당연한 행동임에도 루의 이 행위는 소중한 선행으로 지지받았다. 반 전체 학생들이 손을 들어 그의 행동을 '세 가지 선행(三好)'로 인정해주었다는 내용이다.

G2 경제대국이 된 중국은 아직도 자동차 도로에서, 관광지에서, 놀이공원에서, 식당에서, 줄을 서는 곳곳에서 '새치기' 문화가 여전히 무질서의 민낯을 발하고 있다. 경제는 대국이 되었으나 질서 의식은 아직 갈 길이 멀기만 하다.

중국 교통문화의 암적인 존재: 공갈단

한국 독자들이 중국에 가면 길을 다니다 조심해야 할 부분이 있다. 오늘날 중국의 많은 운전기사가 소위 '펑츠(碰瓷, peng ci)'를 당한다. 소위 말하는 고의적인 시비 걸기요 공갈 협박이다. 기회를 엿보다가 일부러 시비를 불러일으켜 돈을 뜯어내는 행위다. 예를 들면 오토바이가 차에 부딪친 척해서 돈을 뜯어내는 행위, 당신이 내 발을 밟았으니 치료비를 물어내라는 등이 그것이다. 또한 당신이 내 차를 긁었느니, 당신이 나와 고의로 부딪쳤느니 등등 온갖 종류의 시비 걸기가 있다. 오늘날 대도시에는 직업적인 공갈단이 있다고 한다. 매우 악랄해 단체로 사기극을 벌이는데 만약 사기극이 제대로 완성이 안 되면 마구잡이로 구타를 하거나 강도로 돌변한다. 실로 중국 공민(중국 국적을 가지고 있는 중국인)들의 생명과 재산이 위협받고 있는 사회 현실이다.

필자의 친구가 2016년 3월 차를 몰고 중국 남부의 윈난성에 관광을 갔다. 윈난성 수도인 쿤밍의 어느 길에 들어섰을 때 남자 하나가 자전거를 몰고 고의로 그의 차로 돌진해서 부딪쳤다. 그 남자는 600위안(한화 약 10만 원)을 요구했다. 일행은 이상하다 싶어 경찰에 알렸다. 경찰이 현장에 도착했다. 알고 보니 경찰들은 이 남자를 아주 잘 알고 있었다. 상습범이었던 것이다. 성이 스(施)라는 인간인데 동일 사건으로 9번이나 경찰서를 들락거렸단다. 매번 새로운 레퍼토리 없이 일관되게 오른쪽 발을 다쳤다는 것이다. 방식은 번호가 없는 거의 망가진 자전거를 타고 가다 고의로 시비를 일으켜 부상을 당한다. 위치는 항상 오른쪽 복사뼈였는데, 매번 그 부위에 상처가 헐어서 곪아 있었단다. 그 사람은 쿤밍경찰서에 '전문 사기꾼' 리스트에 등록되어 있다고 한다. 당연히 그는 또 처벌을 받았다.

개인적인 공갈 이외에도 집단 공갈단도 있다. 이들 중에는 바람잡이, 행인의 역할이 분담되어 있다. 다쳤다고 하면서도 병원은 절대로 안 간다. 반드시 운전기사한테 돈을 받아내야 겠다는 것이다. 이런 재수 없는 일은 아무에게나 일어날 수 있는 일이다. 경찰에서는 이런 상황이 벌어지면 공갈단의 말에 겁먹지 말고 반드시 경찰에 신고해달라고 당부한다.

중국 민족의 대이동: 춘윈

'춘윈(春運, chun yun)'을 겪어봐야 진정으로 중국을 이해했다고 할 수 있다. 이 글을 쓰고 있는 바로 얼마 전이 한국의 구정에 해당되는 춘제(春節, chun jie: 중국 최대 명절인 음력 정월 초하루)였다. 필자도 춘윈 대열 의 일원으로 민족대이동에 참여했다. 지금부터 세계 어디에서도 보기 드문 춘제 기간 민족대이동에 대해서 소개하고자 한다.

'춘윈'이란 춘제 연휴 기간 중 민족대이동에 따르는 교통현상을 말한다. 좀 과장되게 이야기하면 '춘윈'은 인류역사상 주기적으로 발생하는 최대 규모의 민족대이동이라는 명예를 갖고 있다. 전세계 인구의 약 6분의 1이 되는 인구가 각종 교통수단을 이용해 고향을 찾아 중국 최대 명절인 음력 정월 초하루의 춘제를 지내는 것이다.

중국의 개혁개방 이후 호구(戶口)제도에 의한 이동 통제

정책(호구는 한국의 호적제와 유사하나 다른 점은 도시 호구와 농촌 호구가 있는데, 농촌 호구를 가진 사람은 도시에서 교육·거주·취업 등 많은 제한이 뒤따른다)이 완화되어 돈을 벌기 위해서 또는 교육을 위해 지방이나 농촌 사람들이 고향을 떠나 도시로 계속 유입되었다. 중국에서는 최대 명절인 춘제가 되면 고향을 떠난 가족들도 귀향해 온 가족이 모여 함께 보내는 것이 오랜 전통이다. 그런데 개혁개방 이후부터는 점점 그 민족대이동 숫자가 천문학적으로 늘어나, 세계적으로도 보기 드문 '춘윈 현상'이 생겨나게 되었다.

최근 30년 이래 춘윈 대군은 약 1억 명에서 2015년에는 연인원 37억 명으로 늘어났다는 통계가 있다. 이는 아프리카, 유럽, 미주, 대양주의 총인구가 한꺼번에 이동하는 수치에 해당되며 중국 전체 인구가 1년에 두 번씩 이동한 수치이다. 이 엄청난 인구가 이동하는데 가장 큰 문제는 역시 교통수단이다. 이 문제를 해결하기 위해 중국 정부는 온갖 방법을 강구하고 있지만 여전히 만족스러운 결과를 내지 못하고 있다.

금년 춘제 기간에 필자도 여느 사람들과 마찬가지로 고향에 가고자 했다. 최근 중국에서 매우 심각한 문제로 등장한 스모그 때문에 비행기가 제대로 뜬다는 보장이 없어서 기차를 타기로 했다. 며칠 전부터 열심히 인터넷을 뒤져 표를 구하고자 했으나 성공하지 못했다. 시내 여러 곳에 있는 매표소를 다녔으나 모두 엄청난 사람들이 줄지어 서 있었다. 보아하니 며칠은 기다려야 할 것 같아서 값을 터무니없이 높게 부르는 암표를 사서 고향에 갈 수밖에 없었다. 이런 경우는 많은 중국인이 겪는 흔한 상황이다. 2017년 춘제 기간에도 역시 타고자 하는 사람보다 파는 표가 턱없이 부족했다. 춘제 기간 표 한 장 구하는 것이 하늘의 별따기만큼이나 힘든 연례행사인 것이 중국의 현실이다. 워낙 대규모의 이동이라 관련된 많은 이야기와 사건이 따라 다닌다. 그중 안타까운 사연 하나를 소개 한다.

65세의 왕 선생은 식당에서 접시 닦는 일을 한다. 춘제 기간 귀성표를 사고자 그의 동향 사람과 함께 교대하면서 줄을 섰다. 무려 3일이나 기다린 끝에 기차표를 구했다. 출발 2시간 앞서 역에 나갔다. 하지만 그는 결국 기차를 놓쳤다. 줄 선 사람이 너무 길어서 왕 선생은 엉뚱한 곳에서 줄을 선 것이었다. 다음 출발 열차는 14시간이나 기다려야 했다. 웃을 수도 울 수도 없는 이 안타까운 이야기는 단지 왕 선생 혼자만의 경우가 아닐 것이다.

춘윈 대열에 참여하는 그 수많은 사람들의 목표는 단 하나다. 귀성열차에 타기만 하면 된다는 것이다. 설사 여러 날을 줄 서서 기다리더라도 고향에 돌아갈 수만 있다면 모든 고생을 잊을 수가 있다. 춘제 기간에 사람들은 표 한 장을 구하기 위해 온갖 방법과 노력을 동원한다. 설사 비싼 가격의 암표라도 살 수만 있다면 행운이다. 고통과 즐거움이 함께하는 귀성길이다. 하지만 비싸게 산 그 표가 가짜일 경우 그 기분은 어떻겠는가. 중국에서 벌어지고 있는 각종 춘원에 관한 비리와 사기 사건을 가장 빈번하게 일어나고 있는 예 2가지를 소개한다.

2014년 11월 20일, 중국 서북부에 위치한 신장자치구(新疆自治區) 수도인 우루무치(烏魯木齊)에서 일하는 산시성(陝西省) 뤼양(略陽) 출신의 다섯 젊은이가 귀성표를 사기 위해 기차역에 도착했다. 시간에 맞춰 집에 돌아가기 위해 비싼 돈을 주고 암표를 샀다. 우루무치에서 뤼양까지 가는 K545 열차표였다. 이들 일행이 열차에 타려고 하는데 검표원한테 제지를 당했다. 그들이 산 표는 가짜였다. K545열차는 완전히 반대편에 있는 중국 동북부 끝에 있는 헤이룽장성(黑龍江省) 치치하얼(齊齊哈爾)에서 남서쪽 쓰촨성(四川省) 청두(成都)로 가는 기차였다. 어이가 없어진 이들 5명은 경찰에 신고해 범인을 체포했다.

2014년 12월 5일, 후베이성(湖北省) 우한(武汉) 철도경찰은 가짜표 판매 혐의로 여자 한 명을 체포했는데 그의 몸에서 가짜표 5장, 이미 지나간 표 130장, 교통정기권 238장이 쏟아져 나왔다. 경찰은 그 여자 집에서 가짜표 제조에 필요한 각종의 재료와 설비를 찾아냈다.

성업 중인 암표상들

현재 중국에서 기차표를 사기 위해서는 자신의 신분증이 필요하다. 실명제를 실시하고 있기 때문이다. 그럼에도 춘제 같은 민족대이동이 있을 때에는 표 한 장 구하기도 어렵다. 암표상들의 사재기도 그 한 이유가 될 수 있다. 중국어로 '암표상'들을 일컫는 단어가 있다. '황유당(黃牛黨)' '퍄오판쯔(票販子)' '핀펑얼더(拼縫兒的)' '다좡무쯔(打桩模子)' '퍄오충니(票虫兒)' 등 다양하다. 하나의 뜻인데도 이렇게 많은 호칭이 존재하는 경우는 그다지 많지 않을 것이다. 사려는 사람은 많고 표는 구하기 어려운 실정이기 때문에 '암표상'의 존재는 어떻게 보면 필연적이라 할 수 있다. 많은 이들이 표 한 장을 사기 위해 줄을 서서 아까운 시간을 낭비한다. 비싼 돈을 주더라도 표를 사야 하는 절박한 심정이 암표상 존재의 토양이다. 이들 암표상의 주요 목표는 고향으로 돌아가려는 농민 공들이다. 그들은 수 배나 되는 비싼 값으로 표값을 불러 주머니 사정도 넉넉지 않은 농민공들의 귀향을 힘들게 한다. 암표상 대부분은 지역 깡패들이거나 특정한 직업이 없는 무리들이다. 그들은 각종 경로를 통해 대량의 표를 사재기해둔다. 이들은 대부분 조직화되어 있어 사업경쟁자들을 집단적으로 구타하거나 무기를 사용해 겁을 주기도 한다.

중국어로 '관다오(官倒, guan dao)'라는 단어가 있다. 이는 모 기관이나 당원 또는 간부가 직권을 이용해 불법 전매활동하는 것을 일컫는다. 춘윈 기간에 귀향을 절실히 바라는 사람들의 심리를 이용해 결국 '관다오'의 비리까지 촉발된다. 오랜 기간 필자는 '암표상은 어쨌든 다른 사람에 앞서 제일 먼저 표를 구하는 것인데, 한두 장도 아닌 표를 사전에 확보하는 것이 보통 기술이 아니며 절대 우연은 아닐 것이다'라는 생각을 해왔다. 여기에 대한 의문이 드디어 풀렸다.

2016년 춘윈 기간에 농민공들의 귀향을 돕기 위해 각 철도 부서에서는 이들을 위한 단체표 판매를 추진했다. 하지만 정작 농민공들은 단체표를 살 수가 없었다. 알고 보니 철도국 직속의 철도국제여행총사가 9개의 컨설팅 회사와 결탁해 그들에게 표를 넘겨 판매하도록 한 것이다. 이들 9개의 컨설팅 회사는 다시 비싼 가격으로 단체표를 팔아넘겼다. 철도국제여행총사(鐵路國際旅行總社)는 결국 조사를 받고 18명의 관리직 간부가 처벌을 받았다. 더 심각했던 문제는 이들 회사 중 8군데가 페이퍼 컴퍼니, 즉 유령회사라는 것이다. 이외에도 5군데의 열차표 대리 판매소가 불법 전매 행위에 가담했다. 과거 암표상으로 활약했던 사람의 진술은 그들의 암표 구입 경로가 어떤지 아주 구체적으로 묘사해주고 있다.

당신이 정말 표를 원한다면 얼마든지 구할 수 있다. 큰 역에서 출발하는 직통열차나 급행열차에는 반드시 침대칸이 있는데 이중 몇몇 좌석은 열차 승무원들을 위해 남겨놓는다. 이들 자리는 물론 판매용이 아니다. 일반적으로 열차장들과 잘 결탁하면 이런 자리를 얻을 수 있다. 한 장당 얼마 이상 더 내면 표는 얼마든지 구해줄 수 있다. 먼저 표를 확인하고 그다음 돈을 지불해도 좋다. 우리가 표를 구할 수 있는 것은 그들과 오래 엮어온 관계 때문에 가능하다. 출발 날짜와 신분증 번호만 알려주면 확실하게 표를 구해줄 수 있다. 설사 표를 못 구한다 하더라도 우리는 당신을 기차에 먼저 태우고 기차 안에서 표를 사줄 수 있다.

최근 12306홈페이지(중국철도서비스센터. 여행객들은 이곳을 통해 열차 시간표, 가격, 출도착 시간, 표 구매 가능 여부 등을 확인하면서 표를 살 수 있다)의 업무 처리 능력을 높이기 위해 인터넷 접속 속도도 배로 올렸다. 그럼에도 인기 있는 열차 편의 표를 구매한다는 것이 그다지 쉬운 일이 아니다. 춘제 한 달 전부터 표 예매가 시작된다. 휴대폰의 전용앱, 컴퓨터의 인터넷 홈페이지 등에 로그인해 열차시간표를 검색하고자 해도 휴대폰 앱의 경우 여러 차례 반복 시도해야 겨우 로그인 성공을 할 수 있다. 컴퓨터의 인터넷 홈페이지는 더욱더 느렸다. 필자 자신도 20여 차례 시도한 끝에 겨우 로그인에 성공했다. 만약 로그인이 안 되면 일반 다른 사이트를 통해 표를 구매한다는 것 자체가 불가능하다. 설사 로그인에 성공해도 표를 살 때 인증 절차가 너무 번거로워서 일반 사람들한테는 너무 어려운 작업이며, 인터넷을 통해 표를 살 수 있는 확률이 9퍼센트에 불과하다고 한다. 이런 상황이니 암표상들이 더욱 극성을 부릴 수밖에 없다. 특히 인터넷에서 표를 구매할 수 있게 된 다음부터는 인터넷에서 활약하는 암표상이 등장했다. 필자의 어떤 한 친구는 상하이에서 충칭까지의 표를 사기 위해 12306홈페이지에 5일 동안 접속을 시도했으나 결국 실패했다. "겨우겨우 로그인했으나 기차표는 이미 다 팔린 뒤였다. 다른 시간대의 표를 사기 위해 시도한다는 것이 너무너무 힘들어서 하는 수 없이 100위안 웃돈을 얹어 인터넷 암표상을 통해 표를 구했다"는 것이 그의 푸념이었다.

또한 나이가 근 50세 되는 장 선생의 말은 현재 대다수의
사람들이 겪는 현황을 대변해준다고 볼 수 있다. 인터넷 사
용이 서툰 노년층의 고충 또한 만만치 않기 때문이다. 그의
말을 들어보자.

우리는 인터넷 사용이 서툴러 역에 가서 표를 산다. 인터넷
에서 표를 살 수 있다는 것이 어떤 사람들에게는 편리하지만
우리 같이 인터넷 사용을 못하는 사람들에게는 불공평하다. 비
록 전화나 인터넷을 통해 표를 살 수 있다지만 인터넷상에서
활약하는 암표상들의 기술을 따라갈 수 없다. 1년에 한 번씩은
집에 돌아가야 하는데 우리 주변의 많은 이들이 하는 수 없이
인터넷에서 활동하는 암표상들을 통해 표를 산다.

재미있는 사실은 인터넷 암표상의 등장과 활약으로 전통
적인 오프라인 암표상들의 장사가 예전 같지는 않다는 사실
이다. 물론 여전히 그들의 사업은 성업 중이다. 전국 여러 도
시에서 암표상 단속을 실시해 2015년 한 해에 암표와 관련
된 혐의자로 100명 가까이 체포했다고 한다. 비록 전통적인
오프라인 암표상들은 현저히 줄어들고 있다지만 표 한 장
구한다는 것이 쉬운 일이 아닐 텐데 얼마든지 그들의 영업
무대는 존재할 것이다. 이들의 근절을 위해서는 엄격한 표관

리시스템이 필요하다.

중국의 민항시대

1949년 11월 2일 중국의 민간항공사가 최초로 설립되어 민항시대의 새로운 장을 열었다. 초기에는 겨우 30여 대의 소형비행기로 출발했으며 연간 운송객은 만여 명, 총 물동량은 157만 톤에 불과했다고 한다. 개혁개방 이후 중국 민간항공산업은 지속적인 발전을 통해 오늘날에는 비약적으로 성장하고 있다. 2015년 민항에 근무하는 총인원은 35만 명이며 그중 비행사가 1만 2,840명, 정비사가 1만 6,100명, 관제사는 3,600명에 이르렀다. 독자적인 운항권을 가진 항공사는 모두 24개이며 총 비행기 대수는 982대, 그중 여객기가 절대 다수를 차지하고 있다. 이외에 비행학교의 실습용 비행기 140대가 있다. 비행장은 전국에 147군데, 국내선은 1,024개 노선, 국제선은 233개 노선이 있다고 한다.

필자는 어렸을 적에 처음으로 아버지와 함께 비행기를 탔다. 아버지는 고위관리였기 때문에 비행기를 탈 수 있었다. 당시 비행기를 탈 수 있는 자격은 매우 제한적이어서 일정 직급 이상의 고위관리만 비행기를 이용할 수 있었다. 따라서

비행기를 탄다는 것은 권력의 상징이었던 시절이다. 일반 대중은 근본적으로 비행기 자체를 탈 수 없었다.

개혁개방 이후 중국 민항의 발전과 경제성장으로 비행기를 탈 수 있는 계층은, 고위층에서 돈이 있는 사람들로 확대되었다. 과거에 비행기를 타는 것은 매우 권위가 있다는 것을 상징했다. 이제 최근 몇 년 전부터는 개인소득이 증대함에 따라 국내외 여행이나 휴가에 비행기를 이용하는 것이 아주 보편화되었다. 여기에 각 항공사 간의 경쟁, 고속철의 등장, 자가용의 보편화에 따라 비행기 표값은 귀족적인 지위에서 이제는 아주 저렴한 할인표까지 나와 그 지위는 땅에 떨어졌다. 이제는 웬만하면 아무나 탈 수 있는 교통수단이되어 중국 민항은 글자 그대로 인민대중들의 항공이 되었다. 오늘 필자가 여기서 이야기하고자 하는 것은 중국의 항공사업이 얼마나 발전되었는가에 대한 것이 아니다. 이제는 보편화된 비행기 여행의 이면에 존재하는 다소 부끄러운 항공탑승 문화에 관한 이야기다.

요즘에는 외국에 거주하는 사람부터 업무 출장, 사업, 또는 관광 등으로 세계 도처의 웬만한 지역에서 중국인의 모습을 볼 수 있다. 세계 각국 사람이 중국인에 대해 갖는 생각은 천차만별일 것이다. 언뜻 한 번 스치면서 느낀 점도 있을 것이고, 여러 번 중국인과의 교류에서 나온 경험일 수도 있고, 또 어떤 것은 남이 이야기하는 것을 들은 경우일 것이다. 우리가 지금 비행기에 관해 논하면서 짚고 넘어가지 않을 수 없는 부분은 비행기 이용이 일상화된 반면 아직 비행기 탑승의 올바른 문화가 정착되지 못했다는 점이다. 더욱 개탄 스러운 것은 여러 차례 비행기 안에서 발생한 아름답지 못한 사건들이다. 경제발전 수준에 아직 발맞추지 못하고 있는 중국인의 의식수준이 부끄럽고 안타깝다.

필자의 경험을 종합해보면 앞의 의자를 너무 뒤로 제껴서 뒷사람을 불편하게 하는 행위, 아이가 큰 소리로 우는데 그대로 방치하는 행위, 막 잠들려고 하는데 뒤의 아이가 의자를 막 치는데도 저지하지 않는 행위, 여승무원이 안전에 대해 설명하고 있는데 큰 소리로 떠드는 행위, 비행 중에는 휴대폰을 끄라는 설명이 있지만 못들은 척 몰래 사용하는 행위, 비행기가 활주로로 진입하려고 하는데 갑자기 일어나서 짐칸에 있는 짐을 꺼내려다 여승무원의 저지를 받자 오히려 욕을 하는 행위, 신발을 벗어놔 발냄새를 진동시키는 행위, 수시로 호출 단추를 눌러 승무원에게 이것저것 요구하면서 돈 주고 탔는데 마땅히 나한테 서비스해야지 하는 막무가내식 행위 등 아직도 교양 있는 탑승 문화를 위해 시정해야 할 부분이 많다. 이 정도는 그래도 다음과 같은 사례에 비하면 애교에 가깝다. 특히 국제선 야간비행일 경우 아직 이륙도 안 한 상태에서 몇몇 중국인 승객이 막 잠을 청하려는 외국인의 표정이야 어떻든 그 옆 빈자리를 전부 차지해버리는 행위는 정말 같은 중국인으로서 창피스럽다.

비행이 취소되거나 도착이 지연되면 격한 반응이 나오기도 한다. 어떤 이는 아예 통로를 가로 막고 비행기에서 내리는 것을 거부하기도 하고 심지어는 승무원한테 욕을 해대거나 폭력을 휘두르기도 한다. 이런 상황은 언론을 통해 이미 여러 차례 보도되었다. 작년에는 두바이로 가는 비행기 안에서 몇몇 중국인이 시끄럽게 카드놀이를 하다가 다른 승객과 시비가 붙었으며, 태국 방콕 비행장에서는 싸움을 벌이기도 하는 등 온갖 추태를 부려 나라 망신을 시킨다.

국내선이건 국제선이건 몇몇 중국인의 몰상식한 행동을 빈번하게 목격하게 된다. 당연히 이는 개별적인 행위임에 틀림없다. 하지만 중국인이 공중도덕과 질서 의식이 바로 잡히지 못했기 때문에 일어나는 일들이다. 이의 개선을 위해 우리 모두가 노력해야 한다. 동시에 국내의 항공사들도 서비스 방면에서 반드시 개선해야 할 부분이 있다. 특히 항공편 취소, 지연 등의 상황이 생겼을 때 이에 대한 충분한 설명과 함께 승객들에 대한 배려가 있어야 한다.

고속철 시대에 진입하다

중국의 최근 교통운수에 대해 논할 때 고속철에 대해 이야기하지 않을 수 없다. 오늘날 전 세계에서 고속철을 갖고 있는 나라는 중국 이외에도 스페인, 일본, 독일, 프랑스, 스웨덴, 영국, 이탈리아, 러시아, 터어키, 한국, 벨기에, 네덜란드, 스위스 등 모두 16개 국가다. 이중 아마도 중국의 고속철 발전 속도가 가장 빠르다고 자부한다.

오늘날 중국은 총 1,300여 편 세계 최다의 고속열차를 보유하고 있다. 건설비용에서도 해외 기업이 고속철을 설치하는데 원가가 1킬로미터당 0.5억 달러 이상이 소요되는 데에 비해서 중국은 그 금액의 절반 정도가 든다고 한다. 1999년 건설하기 시작한 허베이성(河北省)의 친황다오(秦黃島)와 랴오닝성(遼寧省)의 선양(瀋陽)을 연결하는 친선(秦瀋)노선은 거리가 겨우 404킬로에 불과하지만 중국이 자주적으로 연구하고 설계 및 시공한 최초의 고속철이다. 오늘날 중국 고속철의 속도는 350킬로까지 달릴 수 있다. 2011년 정식으로 개통된 베이징·상하이 간 징후(京滬)고속철은 시속 300킬로로 운영되고 있다. 건설규모에 있어서 2012년 12월 개통된 징광(京廣, 베이징~광둥성 광저우)노선은 길이가 세계에서 가장 길다.

운영 면에서는 한 번에 최대 1,000여 명의 승객을 나를 수 있고, 속도 면에서는 최고기록인 시속 486.1킬로미터를 수립했다. 이는 거의 저속 비행기 운행속도에 버금가는 속도다. 오늘날까지 진선(秦瀋), 항선(杭深, 항저우~선전), 징광 노선 등 총 30여 개의 고속철도가 개통되었다. 외국의 고속철 건설에도 참여해 터키, 사우디아라비아, 모스크바, 멕시코, 미국 서부의 고속철 사업도 수주했다. 이와 같이 휘황찬란한 발전 속도 못지않게 중국의 고속철에는 기술 면에서 아직 독일과 일본으로부터 기술적 지원을 받아야 하는 약점이 있다.

의심할 여지없이 고속철의 등장으로 중국인의 생활 패턴에 근본적인 변화가 생겼다. 이전에 필자는 출장이나 회의에 참가할 때 주로 비행기를 애용했다. 하지만 비행기는 종종 연착하기도 하고 기후의 영향으로 비행 자체가 취소되기도 했다. 그래서 지금은 우선적으로 고속철을 애용하는 편이다. 과거에는 자동차로 10여 시간 걸리던 여정이 지금은 고속철로 몇 시간이면 도착한다. 편리하기도 하고 안전감도 있고 제시간에 도착하고 표 구매하는 것도 과거보다 훨씬 편리해지니 여러모로 좋은 점이 더 많다.

고속철의 표가격은 2등칸, 1등칸, 비즈니스칸으로 나뉜다. 고속철이 편리하긴 하지만 가격 면에서는 많은 논쟁을 낳고 있다. 일반인들의 생각은 고속철의 운행이 많은 편리함을 가져왔으니 축하하고 기뻐해야 할 일이다. 하지만 철도는 대중의 교통수단이고 궤도를 이용하는 교통수단으로써 한꺼번에 많은 승객을 나르고 1인당 한 번 사용되는 에너지는 자동차나 비행기에 비해 훨씬 적게 드니 가격이 저렴해야 하지 않느냐 하는 것이다. 하지만 고속철의 가격은 사실 너무 비싸다. 단거리는 그래도 참을 만한데, 장거리는 비행기보다도 비싸다. 인터넷상에는 일반 서민들에게는 고속철이 너무 비싸서 탈 수 없다는 불만들이 쏟아져 나온다. 연봉 12만 위안(한화 약 2,000여만 원) 이상 되는 사람만이 탈 수 있지 일반 서민들은 아예 탈 엄두조차 나지 않는다는 것이다. 그래서 고속철은 고속으로 서민과 멀어지고 있다는 비판이 많다. 사실상 고속철의 가장 싼 표라도 일반 대중한테는 비싼 편이다. 비즈니스 등의 고가표도 사실 부유층에게는 별 부담이 안 되겠지만 말이다.

2014년의 통계에 의하면 고속철 평균 탑승율은 70퍼센트이며 시속 200 내지 250킬로미터의 고속철은 1킬로미터당 0.28위안, 300 내지 350킬로미터의 고속철 2등석의 가격은 1킬로미터 당 0.48위안이다. 이 가격은 기존의 급행열차보다 3배 내지 4배 비싼 가격이다. 하지만 할인된 비행기표와는 비슷한 수준이다. 이 가격은 기타 다른 나라 동급의 고속철 가격과 비교할 때 4분의 1 또는 5분의 1에 해당한다. 하지만 중국의 일인당 국민소득은 아직 상대적으로 낮기 때문에 다른 선진국과 비교할 수 없으니, 결론적으로 고속철의 표가격은 중국 국민소득에 비해 비싼 편에 속한다는 의견이 많다.

자전거에서 오토바이를 거쳐 자가용 시대로의 간략사

자전거는 중국 제조업의 상징

자전거는 18세기 말 프랑스에서 발명된 이래 많은 사람들의 사랑을 받아왔다. 자전거가 비록 유럽에서 발명되었지만 20세기에는 중국에서 일찍이 보지 못했던 대량 보급의 기치 아래 거듭 발전하여 생산량, 소비량, 수출량에 있어서 중국이 세계 제1위 국가가 되었다.

자전거는 1920~30년대에 중국에 들어오면서 중국의 거의 모든 우체국, 전신국, 전화회사, 경찰서 등 기관에서 업무 효율을 높이기 위해 직원들에게 자전거를 나눠주었다. 1970년 말, 중국이 외국에 문호를 개방하자 외국인들은 중국 길거리를 가득 메운 자전거 행렬을 보고는 놀라움을 금치 못했다. 자전거가 발명된 지 100여 년 사이 자전거는 중국에서 가장 보편적으로 사용하는 공산품이 되었던 것이다. 자전거는 어떤 에너지도 필요치 않고 인력으로 움직이기 때문에 자전거에 대한 수요는 날로 증가했다. 1960~1970년대에는 자전거가 재봉틀, 손목시계와 더불어 결혼할 때 필히 지참하는 3대 혼수품 대열에 들어서면서 부유함의 상징이기도 했다. 당시 인기 있었던 '펑황(鳳凰)'이나 '융지우(永久)' 같은 명품 자전거는 돈이 있다고 아무나 다 살 수 있는 것이 아니라 구매표가 있어야 가능했다. 당시 노동자의 평균수입이 수십 위안 정도 할 때 이들 자전거의 가격은 백 위안 이상이 나갔다. 그럼에도 자전거에 대한 구매 열망은 식지 않았다. 경제적으로 여유가 있는 가정에서 딸을 출가시킬 때 체면을 살릴 수 있는 혼수품이 바로 자전거였기 때문이다. 누군가가 명품 자전거를 타고 거리를 질주하면 모두들 부러운 시선으로 쳐다보던 시절이었다. 구매표를 가지고 자전거를 구입한 후 현지 파출소에 가서 등록을 하고 번호판을 달고 다녔다. 만약 도난당하면 파출소나 공안국에서는 조사를 할 정도로 소중한 존재였다.

1949년 중국의 자전거 생산량은 겨우 1만 5,000대에 불과했다. 80년대 말 자전거 보유량은 5억 대에 달했으며 1년 수출량은 2,000만 대였다. 중국은 명실상부한 자전거 왕국이었다. 중국이 개혁개방으로 경제발전을 시작할 때 덩샤오핑은 번영(繁榮)의 정의를 '모든 가정이 명품 페이거(飛鴿)표 자전거를 보유하는 것이다'라 할 정도로 자전거는 중국인의 삶에서 아주 중요한 지위를 차지하고 있었다.

1990년대 자전거 생산은 커다란 변화에 직면했다. 자이언트(GIANT: 타이완 제품), 메리다(MERIDA: 타이완 제품), 트렉(TREK: 미국 제품) 등 외국 브랜드가 들어오면서 천편일률적 모양의 중국식 자전거는 찬란한 색의 새로운 브랜드 자전거로 대체되기 시작했다. 특히 '자이언트'는 매년 판매량 1위를 기록했다. 융지우, 평황, 페이거 등 토종 브랜드들은 더 이상 중국시장을 독과점할 수가 없게 되었다.

필자는 아직도 생생히 기억한다. 중국의 각 도시에서는 엄청난 자전거의 행렬이 지나다니는데, 특히 출퇴근 시간 교차로에서 파란 신호등이 켜지면 자전거 행렬이 마치 엄청난 파도와 같이 밀려오는데 이 장관은 그야말로 중국의 독특한 거리 풍경이라 할 수 있다.

1990년 대 들어와 자전거는 쇠퇴의 길을 걷기 시작했다. 인구 3명 당 1명꼴로 소유했던 만큼 중국인이 가장 사랑했던 자전거는 중국 제조업의 상징이었으며 외국인의 눈에 비친 중국의 모습이었다. 하지만 오토바이의 등장으로 서서히 그 자리에서 내려올 수밖에 없게 되었다. 자전거는 더 이상 자랑이나 첨단의 상징이 아니었다.

기구한 운명의 오토바이

오토바이는 대략 1927년에 중국에 들어온 후 처음에는 해병대의 군장비로 사용되었다. 당시 국민당 정부는 사회질서 유지를 위해 독일의 오토바이를 수입해 오토바이 부대를 창설했다. 중국의 오토바이 산업은 1950년대부터 시작해 1970~1980년대를 거쳐 1990년대부터 급속도로 발전하기 시작했다. 1993년 이래 중국의 오토바이 생산량은 17년 연속 세계 1위의 지위를 차지했다. 수요층도 급격히 팽창하여 한동안 오토바이를 갖는다는 것은 뭇남성들의 열망이었다. '하늘이 여자에게 준 선물이 하이힐이라면 남자에게 준 선물은 바로 오토바이이다'라는 말이 있을 정도였다. 한동안 부와 체면의 상징이었던 오토바이지만 오토바이가 대중적인 교통수단으로 되면서 많은 문제점이 발생하기 시작했다.

중국은 땅이 넓고 인구가 많다. 특히 도시를 중심으로 교통이 매우 혼잡하며 길이 막히는 현상이 비일비재하다. 교통이 자주 막혀 대중교통수단의 이용이 불편할 때 오토바이는 민첩하고도 자유롭게 여기저기 달릴 수 있다. 또한 자전거보다 빠르고 편리하다는 점으로 사람들의 사랑을 받기 시작했다. 그래서 이전에는 크고 작은 도시를 이리저리 질주하며 상당히 편리한 이동수단의 주역이기도 했다. 중국어로 '모디(摩的, mo di)'라는 것이 있다. '모뭐처더스(摩托車的士)'의 줄

인말로 '모퉈처(摩托車)'는 '오토바이', '더스(的士)'는 '택시'라는 뜻이다. 즉 뒤에 손님을 태우고 택시처럼 영업하는 오토바이를 말한다. 중국의 크고 작은 도시에서 이들 오토바이 택시의 존재는 쉽게 발견할 수 있다. 오토바이 택시비가 버스비보다는 약간 비싸지만 일반 택시비만큼 그렇게 비싸지는 않다. 이 때문에 많은 사람이 애용하는 매우 서민적인 택시라 할 수 있다. 그래서 오토바이는 개인의 교통수단 이외에도 대중교통의 한 방편으로 중국의 각 도시에서 볼 수 있는 매우 친근한 존재였다. 하지만 오토바이가 승객을 태우고 운행하는 과정에서 수시로 신호등을 무시하거나 인도를 점하는 등 온갖 안전문제가 뒤따랐다. 또 어떤 이들은 아예 번호판이나 등록증도 없이 도로의 무법자가 되어 시내를 질주하는데, 사고를 내고 도망가 버리면 그 책임을 추궁할 수 없는 여러 문제가 발생했다. 이외에도 오토바이가 갖고 있는 위험성과 배출가스로 인한 대기오염 문제로 인해 오토바이에 대한 금지령이 내려지기 시작했다. 1985년 베이징에서 실시한 '오토바이 금지 또는 제한 명령'을 필두로 다른 도시에서도 유사한 조치가 잇따랐다. 오늘날 148개의 도시가 오토바이 금지 대열에 합류하고 있다. 물론 모든 도시가 오토바이를 금지하는 것은 아니다. 예를 들어 충칭의 경우는 산이 많은 지역이라 지역 특성상 오토바이 운행을 허용하고 있다.

환경도 보호할 수 있고 이동의 편리함을 갖춤으로써 오
토바이 대용품으로 등장한 것이 전동차(電動車)다. 전동차란
축전지를 동력원으로 사용하며 대기의 오염을 줄일 수 있는
큰 이점이 있다. 전동 오토바이도 등장했다. 이들 오토바이
는 일반 자전거에 전동 시설을 갖춘 것이라 이해하면 되겠
다. 특히 2000년대 들어와 점차 널리 보급되고 있다. 2015년
중국의 전동차 생산량은 전세계 생산량의 50퍼센트 가까이
차지하고 있으며 2016년에는 전년에 비해 생산량이 배가 되
었다. 중국은 이미 전동차의 최대 생산국임과 동시에 최대
소비국이다.

자가용 시대에 진입하다

1956년 중국에서 생산한 최초의 자동차 '제팡(解放)'을 필
두로 '홍치(紅旗)' '평황(鳳凰)' 승용차가 조립생산되면서 중
국 자동차공업 생산의 역사가 시작되었다. 사상·이념 문제
로 인해 개인의 승용차는 자본주의의 상징이었다. 그래서
50년대에는 개인이 자동차를 소유하는 것은 매우 제한되었
고 1966년 문화혁명 기간에는 완전히 금지되었다. 설사 공
무를 위한 자동차라 할지라도 엄격히 등급에 따라서 안배되
었다. 1970년대 말까지도 개인 자동차는 금지 대상이었다.

당시 중국의 승용차 가격은 국제시장의 3~4배에 달했다. 대다수 직장인의 월급이 40~50위안 하던 시절인데 안 먹고 안 쓰고 해도 반평생을 벌어도 차 한 대 못 사던 시절이었다.

1980년대 개혁개방 이후 비로소 개인 자동차 소유 금지 조항을 완화시키기 시작했다. 경제도 신속히 발전함에 따라 승용차에 대한 수요가 점차 강해지기 시작하면서 자동차 공업도 발전하기 시작했다. 이 당시 많은 외국의 자동차들이 중국 시장을 노크했다. 합작 생산의 형태로 푸조, 아우디, 폭스바겐, 혼다, 뷰익 등을 생산하기 시작했다.

1990년대 들어와 승용차는 점차 대중들의 일상생활 속에 들어오기 시작했다. 대도시에서는 전문가 그룹, 연예인 또는 연결 통로가 있는 사람들은 특별 허가를 받아 중국에 주재 중인 외국대사관에서 도태된 중고차를 샀다. 물건과 물건을 맞바꾸는 바터(barter) 무역형태로 동유럽에서 생산된 소형 승용차도 중국에 들어오기 시작했다. 이와 같이 자가용은 비정상적인 방법으로 중국 사회에 그 모습을 드러내기 시작했다.

1994년 국무원은 「자동차공업 산업정책」을 발표해 개인들도 자동차를 살 수 있도록 함으로써 드디어 승용차가 정식으로 일반 대중의 가정에 들어오기 시작했다. 오늘날에는 평균 3가구마다 차 1대를 보유하고 있으며, 중국 승용차 시장의 자가용 비율은 이미 83.2퍼센트에 이르고 있다.

관용차를 자가용같이

중국의 거리에서 우리는 수많은 특권 차량을 본다. 소위 기관에 속하는 관용차량들이다. 중국어로 '궁처(公車, gong che)'라고 부른다. 붙어 있는 번호판의 숫자 배열을 보면 그 차들은 그야말로 자동차 귀족이라 할 수 있다. 중국에서는 특정 숫자를 선호하는 경향이 강하다. 중국인이 가장 좋아하는 숫자인 8을 배열한 번호판, 예를 들면 8888 등의 번호는 매우 고가로 팔린다. 유료도로를 통과할 때, 기름을 넣을 때, 유료 요금을 내야할 때 이 관용차들은 각종의 특혜를 받는다. 이미 오랜 세월에 걸쳐 이런 모습에 습관이 된 중국인들은 그러려니 한다. 이는 매우 중국적인 특색이라 할 수 있다. 외국에서도 거리에서 그렇게 많은 관용차를 볼 수 있을까?

중국의 관용차는 많은 문제점을 안고 있다. 예를 들어 운영비가 너무 많이 들어 소속기관의 재정 부담이 되고 있다. 조사에 따르면 매년 1대의 관용차를 운행하기 위해 기사 월급과 복지 포함해서 소요되는 비용이 적어도 6만 위안(한화 약 1,000만 원)이라고 한다. 어떤 경우에는 10만 위안을 초과한다고 한다. 이는 지방정부 공공기관 재정지출의 6~12 퍼센트에 해당하는 매우 큰 금액이라고 한다.

공적인 업무에 투입되는 비율도 낮고 낭비가 심한 편이다. 공산당과 정부 및 산하기관의 관용차는 총 200여만 대에 달하며, 매년 이들을 위해 지출되는 금액이 1,500억 위안에서 2,000억 위안이나 된다는 수치가 있다. 여기에는 국영병원, 학교, 국영기업, 군대 등은 포함되어 있지 않다. 관용차에 드는 비용 문제는 이미 끊이지 않는 논쟁거리다. 게다가 더 큰 문제는 관용차를 사적인 용도로 사용하는 경우가 허다하다는 데에 있다. 기준을 초과하는 온갖 비싼 용품을 자동차에 장착해서 개인 용도로 쓴다.

중국에서는 '관(官) 우선'의 관념이 뿌리 깊다. 특히 최근 갈수록 더해지고 있는 것 같다. 별 볼 일 없는 직급의 간부도 10여만 위안이나 가는 고급 관용 승용차를 타고 다닌다. 어떤 현(縣)급 간부는 관용차를 마치 자신의 개인 자동차인양 사용하다 비난을 받기도 했다. 오랜 기간 공금으로 먹고 타고 다니는 것에 익숙한 소위 '인민의 공복'들이 붐비는 대중교통, 버스나 지하철을 얼마나 타고 다닐까? 관리들이 출장을 갈 때 관용차를 이용하지 않으면 마치 체면이 손상된다는 생각을 갖고 있다.

2014년, 중국 국가발전개혁위원회는 중앙 기관의 공무용 차량 제도에 대한 개혁을 시도해 청(廳)급 이하의 공무원들의 전용차 사용을 취소시키고 오로지 공적인 업무에만 관용차를 사용하도록 조치했다. 이후 중앙의 각 기관과 각 성(省)과 시(市)에서도 이에 호응해 관련조치를 시행하고 있다.

관용차 개혁의 실질 내용은 공무원들이 누리는 관용차의 특권을 없애는 것이다. 방법은 관용차 자체를 대폭 줄여버리는 것이다. 자동적으로 그들이 누릴 수 있는 특권도 최대한 줄어들 것이라는 계산이다. 하지만 중국의 관용차 개혁은 실로 어렵고도 어려운 문제다. 왜냐하면 이 개혁은 정부 스스로가 자신에 대해 특권을 포기하는 자기 혁명의 성격이 강하기 때문이다. 이 조치는 각급 공무원의 기득권을 박탈하는 것이며 정책을 제정하는 사람들 자신도 이 개혁의 대상이기 때문이다. 또한 그들의 수많은 이익을 건드리는 것이기도 하다. 필히 사회 여론의 지지를 받으며 위에서 아래까지 추진할 수 있는 동력이 있어야 한다. 이 풀기 어려운 특권의식의 해체 문제에 직면해서는 관용차 개혁 문제가 시종 좋은 효과를 보지 못하고 있다. 중국식 표현에 따르면 '관용차 바퀴의 낭비와 부패' 문제는 여전히 뜨거운 논쟁의 대상이다. 한국의 경우 관용차들은 공무가 끝나면 반드시 소속 기관에 돌아가 등록해야 하는 것으로 알고 있다. 미국의 경우는 관용차의 사적인 사용 금지를 위해 차에다 GPS를 장착한 것 이외에도 관용차라는 것을 쉽게 알 수 있는 표지가 부착되어 있어 대중들의 감시를 받는다고 한다. 거기에 비해 중국의 경우 관용차의 사적인 이용에 대한 처벌이 아직 제 궤도에 오르지 못한 것 같아 안타깝다.

급변하는 중국, IT 강국을 향하여

웨이보(중국판 트위터) 못하면 당신은 아웃!

'당신 아웃 (out)이야'라는 말이 평소 자주 들린다. 이 말은 중국의 일반 대중이 오늘날 아주 자주 쓰는 상용어다. 다시 말해 '당신은 이 시대에서 낙오됐다' 혹은 '이 시대 흐름에 동떨어져 있다'라는 뜻이다. 중국에 대해 아직 잘 모르거나 혹은 중국의 대도시에서 생활해 본 적이 없는 사람에게는 상상이 잘 안 가는 말일지도 모른다. 중국의 인터넷과 IT, 디지털 문화의 급속한 발달은 오늘날 중국인의 일상생활을 변모시킨 일등공신이다. 중국인 인터넷 사용자가 7억여 명에 가깝고, 이와 관련된 각종 기록은 입을 다물지 못하게 한다.

"웨이보(微博, wei bo: 중국 최대의 마이크로 블로그 사이트로 중국 판 트위터)나 웨이신(微信, wei xin: 텐센트에서 개발한 중국의 무료 채팅 어플 위챗)에서는 당신이 현재 보고 있는 그 어떤 것도 살 수 있다"라는 말에서 알 수 있듯이 과장되게 말한다면 현재 중국에서 만약 '웨이보'나 '웨이신'을 사용하지 못하면 살아 가기가 매우 힘들다는 이야기가 된다.

10여 년 전만 하더라도 중국인의 생활 방식이나 가치관은 인터넷에 의해 충격과 도전을 받아왔다. 그런데 이제는 그와 반대로 중국 네티즌들의 폭발적인 요구와 습관, 사유 방식은 전 세계의 온라인상에서 매우 중요한 역할을 담당하고 있다. 바이두(百度: www.baidu.com), 텅쉰(騰訊: 중국에서 가장 인기 있는 무료 메신저, 텐센트 QQ), 신랑(新浪: www.sina.com), 왕이(網易: 중 국에서 두 번째로 큰 규모의 온라인 게임 운영자, Netease), 타오바오 왕(淘寶網: 중국 최고 경매 사이트, world.taobao.com), 유쿠(優酷: 중 국의 비디오 공유 사이트, www.youku.com), 서우후(搜狐: 중국의 주 요 온라인 미디어, 통신, 상업 및 모바일 부가 서비스회사, Sohu.com Inc.), 톈야서치(天涯社區: www.tianya.cn) 등의 사이트는 중국의 집집마다 연계되어 있다. 인터넷을 통해 중국인은 인터넷 포 털 사이트, 온라인서비스, 검색엔진, 동영상 감상, 인터넷 구 매 등 여러 영역에서 중요한 고객의 역할을 차지하고 있다.

중국인은 인터넷을 통해 세계 다른 나라와 많은 것을 공유하며, 경제적·문화적으로 수요와 공급의 중심축을 형성하며 그 영향력을 행사하고 있다. 이제 중국은 인터넷을 가장 많이 사용하는 나라가 된 것이다.

전자 홍바오

필자는 최근에야 비로소 전자 홍바오(紅包)에 대해 배웠다. '홍바오'란 붉은 종이에 넣어서 주는 축하금이나 보너스 용돈 등을 말한다. '전자 홍바오'란 은행의 계좌이체 방식으로 세뱃돈이나 축하금 등을 다른 사람에게 보내는 것을 말한다. 인민폐 5,000위안(한화 85만 원)까지 보낼 수 있는데, 만약 첨부할 메시지가 있으면 동시에 함께 보낼 수 있다. 이 글을 쓰고 있는 시점은 마침 2017년 춘제 연휴 기간이다. 과거 같으면 우리 가족이나 중국의 모든 가정은 새해에 현금이 든 붉은 봉투의 홍바오를 주면서 덕담을 나누었다. 홍바오의 전통은 5000년의 역사를 갖고 있다. 하지만 시대가 바뀌었다. 이제 우리 가족도 새 시대 새 흐름에 맞추어 새해가 되면 모두 전자 홍바오를 보낸다.

최초의 전자 세뱃돈 업무는 은행에서 내놓은 새로운 상품이었다. 이런 종류의 홍바오는 상대방을 직접 만나는 것이 아니라서 상대방에게 받을 것인가 아닌가의 동의를 구할 필요도 없다. 송금하는 사람은 최대 5천 위안의 축하금을 상대방의 계좌에 이체하면 그것으로 끝난다. 은행들은 이외에도 중추절이나 국경절(10월1일: 1949년 10월 1일 마오쩌둥이 천안문 광장에서 '중화인민공화국'을 선포한 날)에 보내는 전자 훙바오 상품을 내놓았으며, 이후 범위를 더욱 확대시켜 생일, 결혼축하, 승진, 환갑이나 각종 축하금을 훙바오 상품으로 내놓았다. 아마 생활 모든 영역에서 훙바오가 필요한 항목을 망라하고 있는 것 같다. 이제는 많은 비즈니스 활동을 현장에서 직접 하는 것이 아니라 인터넷상에서 거의 모든 것이 이뤄지고 있다. 또한 인터넷상의 소비도 급격히 증가하고 있기 때문에 여기에 기반을 둔 전자 훙바오는 새로운 추세로 자리를 잡고 있다.

'즈푸바오(支付寶, zhi fu bao)'는 현재 중국에서 가장 앞서가는 전자현금지불방식 플랫폼이다. '간편' '안전' '신속'의 3대 기치를 내걸고 있다. '즈푸바오'는 주로 지불이나 재테크 업무를 제공한다. 인터넷상에서의 거래 담보, 인터넷 지불, 계좌이체, 신용카드 사용 금액 납부, 휴대폰 통화료 충전, 수도나 전기요금 납부, 개인 재테크 등 많은 영역에서 사용되고 있다. 스마트폰에 설치된 즈푸바오 앱에 들어가면 각종 물품판매, 영화표 예매, 택시 예약 등 각 업종에서 제공하고 있는 서비스 업무가 있다. 홈페이지에는 '축하금 보내기' 기능이 있어서 사용자는 단지 선물을 받을 사람의 계좌와 송금 금액을 적어놓기만 하면 된다. 그리고 '즈푸바오'에 QR코드를 스캔하고 결제 비밀번호만 입력하면 그 자리에서 축하금 발송이 끝난다. '전자 축하금'은 여러 가지 양식을 제공한다. 사용자는 자기만의 독특한 축하 사진을 보낼 수 있을 뿐 아니라 재미있고 재치있는 축하의 말을 지어서 보낼 수 있다. 이런 식으로 전자비즈니스 업무가 명절 등 각 영역에서 활용되고 있다. 인터넷상의 소비를 기조로 하는 전자 축하금은 '붉은 봉투+현금'의 전통 형식을 탈피해 많은 소비자들의 호응을 받고 있다. 2014년 춘제 때는 '웨이신 홍바오(微信红包)'가 등장해 지금까지 상당한 인기를 끌고 있다. 이 사이트를 통해 몇 위안 심지어는 몇 전까지의 이자도 서로 나눠가지는 즐거움으로 지인들과의 거리를 좁혀준다.

송금 업무 이외에도 밖에 외출할 때 가장 많이 사용하는 것에는 인터넷으로 택시를 예약하는 시스템이 있다. 현재 중국에서 성행하고 있는 회사로 '선저우쥐안처(神州專車)'는 중국 국내에서 애용자가 가장 많은 토종브랜드이며 2015년 1월 28일 60개 대도시에서 업무를 시작했다. 이외에 '유부(優步: Uber 택시)' '디디콰이처(滴滴快車)' '이다오(易到)' 등이 있다.

친구들끼리 '웨이보'나 '웨이신'으로 대화를 나누고, 돈을 지급할 때에는 '즈푸바오나 '웨이신 페이(微信支付)'로 물건을 사거나 식사를 하거나 밖에 나가 택시를 탈 때에도 인터넷을 사용하지 않은 경우가 거의 없다. 이제 구태여 밖에 나가지도 않고 집에 앉아서 인터넷으로 물건을 구매하는 소비자가 점점 일상화되고 있다.

인터넷 구매의 날, 쌍11절·쌍12절

쌍11절 구매란 매년 11월 11일 독신자의 날[光棍節, guang gun jie] 인터넷 구매 열풍이 부는 것을 말한다. 쌍12절 구매 열풍은 타오바오(淘寶)가 12월 12일 특별 할인으로 판촉 활동하는 것을 말한다. 일종의 구매자를 유인하는 C2B(고객과 기업 간 전자상거래)의 변형된 형태다. 매년 이날이 되면 중국의 소비자들은 흥분과 두려움이 교차하기 시작한다. 흥분하는 이유는 가장 실질적이고 저렴한 가격으로 물건을 살 수 있는 날이 도래하기 때문이며, 두려운 것은 열심히 앱을 두드리며 구매를 하다가 어느 결에 주머니 사정에 문제가 생길 정도로 엄청난 지출을 할까 봐서다.

이날이 되면 각 온라인 쇼핑몰에서는 대규모 판촉 활동이 벌어진다. 최근 몇 년 이래 쌍11절은 온라인 쇼핑몰의 정기적인 연례행사가 되었으며 명실상부한 전국민 구매 열풍의 날로 자리를 잡았다. 2016년 쌍11절을 예로 들어보자. 이 날 온라인 쇼핑몰인 톈마오에서 제공하는 무료 혜택은 정말 어마어마하다. 소비자들은 정해진 시간에 앱에 들어가면 '훙 바오 빗방울(紅包雨)'이 위에서 쏟아져 내려온다. 소비자들은 이 빗방울을 클릭만 하면 빗방울이 곧바로 훙바오 또는 상 품 구매권으로 변한다. 이것을 가지고 소비자들은 물건 구매 에 사용하는 것이다. 이는 아마도 역사상 가장 무차별로 뿌 리는 보너스(훙바오) 방식일 것이다. 이날 235개 국가 및 지 역에서 톈마오에 접속했으며 거래액은 1,207억 위안을 넘어 서 전체 온라인 거래액의 81.87퍼센트를 차지했다고 한다.

불경기에서도 하루 교역량 최대인 쌍11절과 쌍12절의 구 매 열풍은 중국 대중의 높은 소비 욕구와 능력을 보여준다. 이는 또한 중국인이 전통적인 구매 방식에서 탈피해 새로운 온라인 구매 형태로 바뀌고 있음을 보여준다. 당연히 인터넷 구매의 이면에는 어두운 그림자도 존재한다. 예를 들면 각종 불법행위에 따른 소비자들의 고발, 소비자들의 반품 요구에 대해 거부하는 행위, 가격 사기, 과대 및 허위광고, 짝퉁 물건 판매, 불공정한 거래 등의 위법행위들이 즐비하다.

성행하는 교제 관련 사이트와 텔레비전 프로그램

　중국에는 현재 많은 수의 교제 사이트가 있다. 그중 '중궈자오유왕(中國交友網: 交友는 친구를 사귀다라는 뜻)'이라는 유명 사이트가 있는데, 이는 미국 뉴욕에 있는 콜롬비아 대학의 중국 유학생들이 2003년 처음으로 시작한 사이트다. 취지는 해외에서 바쁜 생활 속에서도 진정한 우정과 애정을 갈망하는 중국인을 위해 서로 교제할 수 있는 인터넷 공간을 마련해주고자 함이다. 친구 찾기, 친구 서클, 일기, 행사, 동호회 등의 형식을 통해 순수하고 안전하고 진지하게 교제할 수 있는 플랫폼이라는 기치를 걸고 시작했다. 이 사이트가 개설되면서 많은 네티즌들의 열띤 호응으로 점차 세계 각지의 중국인이 감정을 교류하는 교량, 더 나아가 연애의 기회도 제공되는 매우 인기 높은 사이트가 되었다. 이외에도 이름이 알려지고 비교적 성공적으로 운영되는 사이트로 바이허왕(百合網)², 전아이왕(珍愛網)³, 스지자위안(世紀佳緣)⁴ 등 대규모의 교제 사이트가 있다.

　이외에 이성교제나 결혼을 주제로 하는 TV 프로그램도 많이 등장하고 있다. 장쑤위성 TV의 「애정이 없으면 날 귀찮게 하지 마(非誠勿擾)」, 펑황위성 TV의 「보통 남녀가 아닌(非常男女)」, 후난위성 TV의 「장미의 약속(玫瑰之約)」, 「우리

만납시다(我們約会吧)」, 산둥위성 TV의 「애정이 노크하다(爱情来敲門)」, 안후이위성 TV의 「일요일 나의 가장 큰 인연은 당신(周日我最大─緣来是你)」, 광둥위성 TV의 「모두들 만납시다(大家来約会)」 등으로 이미 각 연령대와 각양각층의 사람들이 참여하고 시청한다. 이들이 표방하고 있는 연애관이나 혼인관은 이미 중국 사회가 새로운 가치관과 세계관을 향해 가고 있다는 것을 잘 보여준다.

이들 텔레비전 프로그램이나 인터넷 교제 사이트에서 결혼소개소 등이 성행하고 있는 것이 오늘날 중국 사회의 새로운 모습이다. 왜 이런 사이트나 프로그램이 성행하고 있는 것일까? 오늘날 현대인의 생활 리듬은 바삐 돌아가고 고효율이 요구되는 사회환경 속에서 사람들이 받는 스트레스도 갈수록 높아만 간다. 그래서 많은 이들이 텔레비전을 보면서 마음의 휴식을 취하며 위로를 받는다. 이들 교제 프로그램들은 오락성, 대중성, 참여성이 매우 강한 특징을 갖고 있어서 대중의 호응도가 높은 편이다. 따라서 잠깐의 휴식을 원하는 이들의 요구에 딱 부합되는 프로그램이라 생각한다.

요즘의 젊은이들 사이에 매우 유행하는 것으로 여행하면서 맞선을 보는 프로그램이 있다. 맞선은 동양 사회의 전통적인 연애 방식인데, 교제 방식도 다양해지고 인터넷이 일상생활에 많은 영향을 끼치는 오늘날 맞선 방식이나 의미도 훨씬 다양해지고 있다. 인터넷을 통한 맞선이 이미 사회 활동의 한 주류를 형성하고 있으며 젊은이들 사이에서 이미 현대화된 생활 양식으로 받아들인다. 이는 동시에 현대 젊은 계층의 의식 변화를 보여주고 있는 셈이다. 과거의 겸손함이나 자신을 잘 드러내지 않는 경향이 점차 약화되면서 개성을 과감히 드러내고 자신의 감각을 존중하는 연애관이나 결혼관으로 변하고 있음을 방증하는 현상이다. 인터넷 교제 사이트나 텔레비전의 교제 프로그램은 바로 그들을 위해 교제의 통로를 제공해 과거에 이모나 고모 등 집안 전체가 나서서 맞선에 간여했던 전통방식을 대체해나가고 있는 것이다.

폭발적인 웨이보와 웨이신

소위 '쯔메이티(自媒体, zi mei ti)'라고 하는 개인 방송의 성행 또한 현대 중국 사회의 새로운 모습이다. 영문명 'We Media'인 개인 방송은 개인화, 대중화, 보편화, 개성화 등을 지향하는 자기 언론매체를 말한다. 인터넷 등 디지털화 방식으로 불특정 다수 또는 특정의 사람들에게 각종의 정보를 제공해 주는 새로운 형태의 매체 총칭이다. 대표적인 방식으로 '보커(博客: 블로그)' '웨이보(微博: 마이크로 블로그)'가 있다.

대중은 일방적 매체의 소식을 피동적으로 접하는 시대에서 벗어나 자신이 직접 각종 소식이나 정보를 제공하는 매체로의 변화를 꾀하고 있는 것이다.

상당한 인기를 끌며 수익도 꽤 올리는 개인 방송으로 '루치(陸琪)'가 있다. 2009년 '웨이보'가 시작된 이래 블로그에 글을 올리고 동영상 토크쇼(talk show)를 업로드해 인기를 끌기 시작했다. 그를 추종하는 팔로우가 이미 3,000만 명에 육박한다. "어떤 말이라도 과감히 할 수 있어야지 개인 방송을 할 수 있습니다"라고 그는 말한다. 이어서 그는 웨이보를 통해 자신의 브랜드를 만들어 상당한 수익을 올리고 있다. 이런 개인 방송이 점차 대중화의 길을 걸으며 영향력을 키워가고 있다. 네티즌은 이제 웨이보나 개인방송 등의 새로운 매체를 통해 관료나 국가기관에 대해 비판을 가하거나 사회의 각종 비리를 고발하며 반부패 운동도 실시한다. 한 장의 사진이나 동영상이 일단 웨이보 등에 올라오면 나비효과로 그 파급효과는 상상을 초월한다. 나비효과란 자그마한 움직임이 예상치 못할 엄청난 파장을 가져오는 것을 말한다. 예 하나를 소개하기 전에 우선 '웨이보 반부패(微博反腐)'란 단어부터 이해해 보자. '판푸(反腐, fan fu)'는 '부패에 반대한다'는 뜻이다. 이는 부패한 관리를 알고 있는 사람들이 웨이보에 부패 사실을 제보하는 것을 말한다. 제보자들은 부패 때문에 피해를 당한 자, 또는 내부 사정을 잘 알고 있는 네티즌, 심지어는 해당 관리와 가까운 거리에 있는 사람들이다. 웨이보 반부패는 오늘날 부패 행위를 감독하는 매우 중요한 통로가 되고 있다. 이 제보 중 매우 유명했던 사건 하나를 소개하고자 한다.

산시성의 안전관리 감독국의 양(楊) 국장이 자동차 사고 현장을 시찰하다가 미소를 보였다. 얼굴에 미소를 띤 모습이 네티즌에 의해 '미소 국장'이라는 타이틀이 붙여져 성토를 당했다. '사망 사고를 처리하면서 얼굴에 미소를 띠었다'는 사실이 네티즌 사이에 퍼지면서 분노를 불러일으켰던 것이다. 이후 사진과 관련 소식이 웨이보에서 신속히 전파되었다. 그리고 여기서 더 나아가 양 국장이 각종 공개 장소에서 찼던 명품 시계, 안경, 혁대, 양복 등이 모두 네티즌의 검증 대상이 되었다. 아울러 이어지는 것은 이 물건이 어디서 생긴 것이냐, 그의 재산 출처는 어디냐 등의 문제였다. 여론의 압력 하에 양 국장은 이에 대한 설명을 했는데, 이 내용이 또 거짓으로 판명되었다. 이후 산시성 기율위원회 상임위원회는 양 국장의 직위인 산시성 제12기 기율위원회 위원, 산시성 안전관리 감독국의 당서기직, 해당국의 국장 지위를 박탈했다.

이 사건이 가져온 여파는 어떤가? 이제는 많은 관리들이 시계를 차지 않고, 공개적인 장소에서 담배를 피울 때 어떤 브랜드인가 주의하고, 입는 것이나 액세서리를 착용하는 것 등에 매우 신경을 쓴다. 그리고 최대한 저자세로 임하고 돈이 있다는 어떠한 표시도 하지 않으려고 한다. 까딱 잘못하면 '런러우(人肉: 일반적으로 신상 털기를 가리킨다. 온갖 정보를 동원해서 진짜 신분을 밝혀내는 것을 말한다. 주로 부패 인물이나 사건에 연루된 사람 또는 조직에 대한 신분 털기가 진행된다)' 당하면 문제가 심각해지기 때문이다. 어떤 관리들은 자기 가족이 웨이보에 들어가지 못하도록 한다고 한다.

2011년 6월 장쑤성 리양(溧陽)시 위생국 국장의 뇌물수수에 관한 정보, 2011년 7월 윈난성 쿤밍시 개발위원회 고속도로 요금징수관리처 부처장의 스캔들, 2012년 3월 톈진시 시칭구(西青區) 부구청장 딸이 웨이보상에서 돈자랑한 사건, 2012년 10월 광저우시(廣州市) 관리종합행정집행국 산하 조직의 정치위원 및 그의 가족이 21채의 부동산을 보유하고 있다는 사실 등이 모두 '웨이보 반부패'를 통해 드러나게 되었다.

웨이보의 이와 같은 역할에는 공권력에 대한 감독이라는 긍정적인 면이 존재하는 동시에 언론의 자유를 지나치게 이용하는 폐단도 있다. 어떤 이들은 관심을 끌기 위해 사건을 과대 포장하거나 없는 사실도 조작해내는 행태도 저지른다. 어떤 비이성적인 네티즌들은 사실 여부에 대한 확인 없이 무조건 전파시키기에 급급하다. 까딱하면 잘못된 정보로 개인의 명예에 커다란 손상을 입히고 나아가 국가 공신력에 대한 회의를 불러일으킬 수 있다. 이 또한 사회의 공공이익을 저해하는 위험한 행위이다. 이는 웨이보 공간에서 네티즌이 자체 정화를 할 수 있느냐 하는 어렵고도 복잡한 과제이기도 하다.

한편 네티즌의 단편적인, 비전문적인 행동이 어떤 때는 공안부서나 언론매체나 정치조직의 역량과 결합되어 사회 정의 실현의 힘을 발휘하기도 한다. 중국 사회과학원 소속의 위 모 교수가 웨이보에 "길을 가다가 구걸하는 아이들을 보면 사진을 찍어 올려 실종되거나 유괴된 아이들을 구하자"라는 블로그를 올렸다. 열성적인 네티즌들이 이 내용을 열심히 퍼 나르면서 드디어는 강력한 여론을 형성했다. 아울러 일반 언론매체들도 이에 호응해 전사회적으로 커다란 관심거리가 되었다. 일순간에 '웨이보'와 '유괴 아동 찾기'가 중국 사회의 중요 키워드가 되었다. 지금 중앙텔레비전의 황금시간대에 눈물을 자아내는 감동적인 유괴 아동 관련 프로그램인 「날 기다려(等着我)」가 방영되고 있다. 시청률이 매우 높으며 실제로 유괴되어 팔린 아이들을 찾아내 집으로 돌아갈 수 있도록 하는 데 많은 도움을 주고 있다. 이들 모두가 근래 웨이보가 폭발적으로 일으킨 효과 중 하나이다. 실제 예를 들어보자.

2008년, 선전에서 후베이 사람 펑 모씨의 3살 반쯤의 아이 펑원러(彭文樂)가 유괴되어 온 집안이 비탄에 빠졌다. 이 사실을 접한 대학생 덩(鄧)은 신랑웨이보(新浪微博)상에 이 아이의 사진을 올렸다. 순식간에 아이의 사진과 아이를 찾는다는 블로그가 전국에서 6,000여 차례에 걸쳐 전파됐다. 부모 찾기 사이트, 각종 웨이보 등을 통해 소식은 계속 전파되어 결국 경찰의 도움 하에 아이는 다시 부모의 품에 돌아갈 수 있었다. 이로부터 "길거리에서 구걸하는 아이를 보면 사진을 찍어 실종된 아이들을 구하자"라는 자발적인 행동이 인터넷에서 널리 확산되고 있다.

웨이보를 통한 마케팅: 명성이 자자한 야수파 꽃가게

오늘날 많은 사업체가 웨이보를 이용해 마케팅을 전개한다. 중국에서 성공적인 케이스로 명성이 자자한 소위 '야수파 꽃가게(野兽獸派花店)'를 들 수 있다. '야수파 꽃가게'는 실체적인 점포도 없고, 심지어는 타오바오 같은 인터넷 쇼핑몰에도 개설되어 있지 않고, 단지 웨이보상에서 몇 장의 선물용 화훼와 140글자로 된 간단한 소개가 전부다. 작년 12월부터 웨이보에 개통한 이래 지금까지 이 꽃가게는 이미 18만 명의 팔로우를 끌어들였으며, 심지어는 연예계의 유명 배우들도 고객이라고 한다. 다른 꽃가게와 다른 점은 그들이 파는 것은 단지 꽃에 국한된 것이 아니라 손님들의 이야기를 귀담아 듣고, 그 이야기를 꽃다발로 표현해 매 꽃다발마다 풍부한 이야기가 깃들어 있다는 점이다. 예를 들어 결혼기념일을 축하하는 이야기, 결혼 프로포즈를 하는 이야기, 부모님 건강에 관한 이야기, 몰래 사랑하는 남자 동료를 두고 얽히고 설킨 이야기……, 등등 행복하고 또는 가슴 아픈 이야기가 담긴 140글자는 읽는 사람들 마음의 청량제 역할을 한다.

야수파 꽃가게에서 파는 꽃다발은 시장에서 일반적으로 볼 수 있는 그런 꽃들이 아니다. 이들 화훼들은 정성껏 장식이 되어 각기 다른 사연과 심정의 사람들에게 알맞은 예술적인 이름을 붙여 단지 웨이보상에서만 판매한다. 고객과 꽃가게 사이에는 주문하는 사람의 이야기나 심정을 담아 즈푸바오에 의한 지불, 이것으로 거래는 완성된다. 야수파 꽃가게가 성공한 이유는 남녀 주인공들의 일상생활 속 흥미로운 주제를 둘러싸고 벌어지는 이야기가 꽃 이외의 부가가치를 지니기 때문이라는 것이 팔로우의 평이다. 야수파 꽃가게의 성공은 우리에게 한 가지 사실을 일깨워준다. 원래 웨이보의 활용법은 매우 간단하며 소식 전파가 빠르고 원가가 별로 안 드는 장점이 있다. 비즈니스를 하는 사람들이 이러한 특징을 최대한 살려서 웨이보를 통해 개인 사연의 공감대를 이끌어낸 데다가 '즈푸바오'의 편리한 지불수단과 합체되어 탄생시킨 결과물이라는 점이다.

우리 너무 웨이신에 의지하는 것이 아닌가?

웨이신은 텅쉰회사(텐센트)가 내놓은 스마트폰용 SNS앱이다. 한국의 카카오톡이나 네이버의 라인과 같은 성격이다. 현재 웨이신은 중국 SNS 사용자의 94퍼센트를 차지하고 있으며 200여 개 나라에서 사용하며 20종 언어의 서비스가 제공되고 있다. 2017년 현재 중국에서 약 8억 7천만 명이 사용하고 있다고 한다. 필자가 생각하기에 이제는 웨이신을 사용 못하면 아예 아웃될 것 같다는 생각이 든다. 친구와의 연락, 소식 전파, 정보 획득, 물건 구매, 기차표 예매 등 이 모든 것들이 단지 수 분 안에 해결된다. 만약 웨이신이나 인터넷의 존재가 없다면 어떻게 살아야 할지 의구심이 들 정도다. 이론적으로 웨이신에서 새로운 서비스 항목이 제공되면 전통적인 오프라인의 업무 하나가 사라진다는 것이 된다. 스마트폰을 들고 웨이신에 투입하는 시간이 갈수록 많아지면서 책 읽기, 일반 업무, 연구 시간 등이 점차 줄어들고 있다. 오늘날 혹시 우리는 너무 웨이신의 마력에 취해 전통적인 전문가 능력을 상실해가고 있는 것은 아닌가? 그 결과 사람들의 두뇌가 퇴보하지는 않을까? 하는 우려마저 생긴다. 필자만 해도 자고 일어나면 일단 휴대폰을 들고 웨이신에 들어가 본다. 이미 일상생활의 기본적인 습관이 되었다. 웨이신에 대한 지나친 의존으로 운동하는 시간과 양도 줄었다. 문제가 아닐 수 없다. 지금 필자와 같은 사람이 갈수록 많아지고 있다. 더 심한 경우도 물론 많을 것이다. 휴대폰을 들고 있는 시간이 갈수록 길어진다. 바쁘다보면 친구들 만날 시간이 없다. 주로 웨이신을 이용해서 대화를 나눈다. 웨이신 대화방 안에는 이미 모든 생활의 내용이 기록되어 있다. 특별히 보낼 내용이 없어도 열심히 친구들이 보내는 내용을 들여다본다. 일일이 답장을 하기도 하고 다른 친구들 사이의 대화 밑에 댓글도 단다. 오래도록 하다보면 눈도 침침해지고 목도 뻐근해진다.

웨이신의 지나친 사용은 가정의 단란한 분위기에도 영향을 준다. 필자가 아는 어떤 부부는 지나치게 웨이신에 빠져 매일 식사 후 둘이 소파에 앉아서 각자의 휴대폰을 들고 게

임을 즐긴다. 퇴근 후도 마찬가지다. 어느덧 두 사람 사이의
대화가 적어지고 필요하면 웨이신에 하고 싶은 말을 올린다.
결코 정상적인 가정생활이라 할 수 없다. 웨이신의 존재는
물론 많은 편리함을 제공해주고 있지만 이제는 어떻게 합리
적으로 계획성 있게 사용하느냐에 대해 심각하게 고민을 해
야 할 것 같다.

휴대폰 어느 브랜드를 사야할까?

　최근 몇 년 사이 중국은 낙후된 통신 소비국에서 상당한
실력을 갖춘 통신 제조국으로 발돋움했다. 필자는 줄곧 어느
휴대폰을 살 것인가 하는 문제로 고민해 왔다. 삼성, 애플, 노
키아, 아이리신, 모토로라, 화웨이 등 각종 브랜드의 휴대폰
이 중국 시장에 진입한 후 어떤 것을 선택해야 할지 어려운
문제였다. 과거 수년 동안 중국의 휴대폰 시장은 수입품과
중국 제품이 치열한 경쟁을 벌여왔다. 통상 우리가 휴대폰을
살 때 제일 먼저 보는 것이 브랜드다. 예를 들면 화웨이, 삼
성, 애플, OPPO 등인데 기능 면에서 가장 관심을 갖는 부분
은 카메라다. 이 부분에 대해 애플, OPPO, 삼성 등에 대해서
평가가 제일 높다. 다음 관심이 있는 부분이 배터리다. 이 방

면에 있어서 삼성, 화웨이, 룽야오(榮耀), OPPO, 애플 등이 주목을 받는다.

2017년 새해가 시작되었다. 새로운 스마트폰이 올해도 쏟아져 나올 것이다. 일전에 스마트폰 발화 문제로 삼성이 주춤하고 있고 애플의 판매가 지지부진하는 하는 사이에 중국 제품이 그 사이를 틈타 선두를 다투고 있다. 화웨이, OPPO, VIVO 세 브랜드가 중국 시장의 절반을 차지하고 있다. 오늘날의 중국산 휴대폰은 이제 해외로도 진출하며 '중국 제품은 곧 저가 제품이다'라는 고정관념을 깨기 위해 많은 노력을 기울이고 있다. 화웨이가 구미 시장에서 판매하는 가격이 애플이나 삼성과 거의 비슷하며, OPPO나 VIVO 등은 인도시장에서 평균가 약 2,000위안(한화 약 34만원)에 팔리고 있다. 화웨이는 유럽과 러시아에서 성적이 괜찮은 편이다. OPPO, VIVO 등은 동남아시아와 남아메리카에서 신속하게 시장 점유율을 높이고 있다. 필자는 줄곧 삼성 휴대폰의 매니아였다. 또 한동안은 애플을 추종하기도 했다. 이제는 중국산 제품을 사기로 마음먹었다. 이제는 중국산도 국가 경쟁력을 가질 만큼 품질 향상의 성공 단추를 끼웠기 때문이다.

휴대폰 요금제 논쟁

휴대폰이 있으니 이제는 요금을 내야 할 순서다. 중국의 휴대폰 요금제는 너무나 복잡하고 다양해서 전문가가 아니라면 아마 구체적으로 어떻게 운영이 되고 있는지 잘 알지 못 할 것이다. 필자 자신도 사실 거의 문외한에 가깝다. 그저 요금제에 따라 얼마를 내라고 하면 청구서대로 내는 수밖에 없다. 사실 휴대폰의 요금 문제 때문에 소비자와 통신사 사이에는 많은 분규가 상존한다. 이동통신 사업의 황금시대 도래와 더불어 이동통신사의 농단에 대해 점차 소비자들의 불만이 거세지고 있다. 가장 많이 등장하는 불만이 요금에 관한 문제이다. 전화를 거는 사람은 물론 받는 사람도 비용을 부담하는 문제, 휴대폰 가입비, 기본요금, 통화를 초 단위로 계산하지 않고 분으로 해서 폭리를 취하는 문제, 비싼 인터넷 사용 요금 등 무수한 분규가 존재한다. 오랫동안 이 문제들이 해결되지 못하고 있는 것은 시장을 독과점하고 있는 통신사들의 전횡이 주 원인이다. 이에 대해 그동안 논란돼왔던 요금 관련 문제를 중심으로 알아보고자 한다.

전화를 받기만 하는데 왜 돈을 내?

필자가 알기로 한국에서는 휴대폰 전화를 받는 사람은 아무런 비용도 지불하지 않는 것으로 알고 있다. 중국에는 얼마 전까지만 하더라도 거는 쪽 받는 쪽 쌍방이 다 지불해야 했다. 쌍방이 요금을 내는 방식은 통신회사 중 규모가 가장 큰 이둥(移動)통신이 시작한 요금제다. 소비자들이 가장 많은 불만을 갖고 있던 부분이 바로 이 부분이다. 전화를 걸면 돈을 지불하는 것은 당연한데 왜 전화를 받을 때도 내가 요금을 내야하는 문제이다. 그래서 이에 대해 수 년 전부터 중국 사회에서 열띤 논쟁이 벌어졌다. 그 결과 이제는 중국 전국의 휴대폰 요금은 기본적으로 전화 거는 쪽만 내는 것으로 가닥을 잡았다. 현재 중국의 3대 통신사는 이둥(移動), 롄통(聯通), 뎬신(電信)이 있는데, 롄통(聯通)의 고객은 거는 쪽만 내는 일방 요금제를 실시하고 있다. 만약 당신이 전화를 받을 때에도 요금이 계산되면 아마도 오래 전부터 사용한 요금제일 것이다. 롄통통신 영업점에 가서 3G 또는 4G 요금제로 바꾸면 된다. 뎬신통신은 2009년 10월1일부터 전국 31개성(省)에서 몇몇 요금제에 가입한 고객들에 대해 일방 통화요금제를 실시하고 있으며, 이둥통신도 일방 통화요금제를 실시하고 있다. 하지만 중국에서 진정한 일방 통화요금제의 혜택 아닌 혜택을 받기 위해서는 본인이 요금제 변경을 신청해야 한다. 그래서 만약 본인이 오랜 기간 이 문제에 대해 관심을 갖고 있지 않았고 어떠한 조치도 취하지 않았다면 전화를 받으면서도 여전히 비용을 지불하고 있는 상태가 된다. 이외에도 중국이동통신사는 6개월 이전까지의 요금명세서만 확인 할 수 있으며 그 이전 것은 확인이 안 된다. 만약 쌍방 요금을 지불하고 있었다면 6개월 분에 한해서만 전화 받았을 때 낸 요금은 환급받을 수 있다.

자기 지역을 벗어나면 요금이 비싸진다? 로밍비 논쟁

중국어로 '만유(漫游)'라는 단어가 있다. 의미는 '이리저리 돌아다니다'는 뜻이다. '만유페이(漫游費)'는 휴대폰을 가지고 휴대폰 전화의 원래 개통지를 벗어나서 타지역에서 사용할 때 발생하는 비용을 말한다. 한국에서 일반적으로 '로밍비'라고 하는 개념일 것이다. 중국의 경우 국내 로밍과 국제 로밍이 있지만, 여기서는 중국 국내의 로밍비에 대해서만 언급하고자 한다.

국내 로밍의 경우 타지역에 가서 해당 지역의 전화에 걸면 통화요금 이외에 로밍비만 내고, 그 지역 이외에 전화를 걸거나 혹은 어떤 지역에서든 걸려오는 전화를 받으면 로밍비와 장거리 전화비를 함께 지불해야 하는 시스템이다. 사실상 로밍비는 중국 통신사들의 주수입원이었다. 자기 지역을 벗어나 해외도 아닌 중국내 타지역으로 이동해서 전화한다고 해서 추가로 비싼 요금을 내야한다는 것은 고객의 입장으로서는 매우 억울한 일일 수밖에 없다. 그래서 로밍비의 문제는 줄곧 소비자들의 원망 대상이었지만 통신사들은 비판을 받으면서도 계속 로밍비를 통해 수입을 올렸다. 사실 휴대폰 로밍비의 원가는 그다지 높지 않은 것으로 알고 있으나 통신사 측에서는 고비용으로 고객들의 부담을 증가시켰다. 그래도 최근 몇 년 사이 롄퉁과 뎬신 가입 고객이 증가하면서 이동통신이 그동안 누려왔던 독점적인 지위가 무너지고 요금제에 대한 농단 국면이 무너지기 시작했다. 세 통신사의 경쟁으로 이제는 중국 대중들이 받는 혜택도 점차 많아지면서 각종의 부대 서비스로 비용 인하, 로밍비의 폐지, 일방 통화료 납부 등의 개선책이 뒤따르게 되었다. 간단하게 그간의 과정을 소개해본다.

뎬신(電信)은 2009년 10월 1일부터 부분 고객에 대해 로밍비를 받지 않기 시작한다고 발표했다. 이는 통신사 중 최초로 로밍비 폐지에 대한 첫 조치였다.

2016년 10월 1일부터 롄퉁 일반요금제에 가입된 경우 로밍비 징수제를 일괄 폐지하고 2016년 말부터 로밍비가 들어있는 요금제 판매 자체를 없앴다. 전국적으로 통일된 요금제의 기초 위에 각 성(省)의 통신사 지사들은 현지 사정에 따라 각종의 고객 우대 정책을 실시하도록 했다. 2016년 뎬신은 점차로 장거리 로밍비 요금제를 폐지하고 데이터 요금제, 즉 통화비와 메시지 발송비를 데이터량으로 계산해 요금을 산출하는 방식을 실시했다. 2016년 8월12일, 이둥도 연말부터 모든 장거리 로밍요금제를 폐지한다고 발표하는 등 중국 소비자들은 오랜 기간 바라왔던 억울했던 요금제에 대한 불만이 일단락되었다.

사라진 데이터 잔여량

요금제뿐만 아니라 데이터 잔여량 때문에 중국에서는 한바탕 소동이 벌어졌다. 중국에서는 휴대폰 요금제 안에 포함되는 데이터를 만약 당월에 다 사용하지 않으면 그대로 다음 달로 이월되는 정책으로 돼 있다. 하지만 2014년 3월, 중앙텔레비전이 네이멍구(內蒙古) 자치구의 휴대폰 사용자가 제보한 "휴대폰 요금제 내의 데이터량이 달이 지나면서 없어졌다"는 내용에 대한 보도를 계기로 통신사들의 시장 지배력의 우월적 지위를 이용한 행위에 대해 조사가 진행되었다. 이후 네이멍구의 이동통신사가 휴대폰의 데이터를 격월제로 없앤다는 답변이 나온 후 얼마 안 있어 이둥, 렌퉁, 뎬신 등 3대 통신사는 달을 넘겨도 데이터량을 그대로 유지한다는 정책을 점차적으로 시행하기 시작했다. 2015년에는 월말 데이터량의 소진, 요금제 내의 각종의 부가 서비스를 고객이 자유롭게 선택하지 못하도록 하는 행위에 대한 조사가 진행되어 결국 통신사들은 개선을 약속하고 이후 3대 통신사들은 2015년 말부터 전면적인 데이터 이월제를 실시했다.

필자가 보기에 통신사의 고객들 중 상당수가 통신비에 대해 불만이 여전히 있는 것 같다. 단지 데이터 문제만은 아니고 일반인들은 통신사의 요금 산출에 대해 요금을 과다 청구하는 것이 아니냐 하는 여러 가지 불만을 제기하고 있다. 2010년 7월 4일, 중앙텔레비전 방송국의 「매주의 품질 보고(每周質量報告)」라는 프로그램은 통신사의 과다한 요금 징수에 대해 폭로하기도 했다.

전화와 인터넷을 이용한 진화하는 사기극

이제는 개인이든 가정이든 전화나 휴대폰이 없는 세대는 거의 없을 것이다. 통신시설의 발달로 절대 다수의 사람들이 일상생활의 많은 영역에서 편리함을 누릴 수 있으나 이 편리함과 더불어 발달되었기 때문에 사회 전체가 대가를 지불하는 사악한 사건이 벌어지고 있다. 이름하여 통신수단을 이용한 사기 행위다. 전화나 휴대폰을 사용하는 많은 사람들이 사기 전화를 받은 경험이 있을 것이라고 생각한다. 관련 문제가 계속 보도되면서 사람들은 과거와 같이 무조건 당하는 비율은 줄어들고 있지만 사기 수법이 계속 변하면서 업그레이드되어 온갖 새로운 형태의 사기극이 전개된다. 결과 대중들의 소중한 재산과 신변의 안전문제에 커다란 위협이 되고 있으며 중국 사회의 핫이슈로 떠오르고 있다.

사기를 치기 위해 온갖 방법이 다 동원된다. 검찰을 사칭한 사기, 회사 임원 사칭, 친구 사칭, 증권회사 사칭, 비행기 표 환불 사기, 구매 물품 환불 관련 사기, 신용카드 관련 사기, 저금 관련 사기 등 너무나 다양하고 다양해서 마치 컴퓨터 바이러스가 진화되어 새로운 바이러스가 나오는 것처럼 막아도 막아도 끝이 없다. 현재 중국에서 벌어진 사기 전화 몇 사례를 소개한다.

왕 여사가 전화 한 통을 받았다. 상대방은 왕 여사가 마약 범들과 연관이 있으며 범인들이 이미 왕 여사 이름을 불었다는 것이다. 상대방은 또한 www.******.com의 인터넷 주소를 가르쳐 주었다. 왕 여사가 주소를 클릭하니 '중화인민공화국 최고인민검찰원'이라는 사이트였다. 아울러 사건 개요와 자신에 대한 체포영장 문건이 검색되었다. 이 당시 왕 여사는 완전히 상대방의 말을 믿었다. 그리고 상대방은 가짜 경찰서의 '커'라고 하는 가짜 경찰에게 전화를 연결시켜 주었다. '커' 경찰은 왕 여사에게 반드시 은행카드의 돈을 모 계좌로 입금시켜 자금 확인을 한 다음 왕 여사 자신은 무관하다는 것을 밝혀야 한다고 했다. 왕 여사는 ATM 기계에 가서 상대방의 계좌로 1만 6,110위안을 송금했다.

다음은 2016년 어느 날 유명한 토크쇼 진행자가 프로그램을 진행하면서 밝혔던 내용이다.

자신의 친구가 모르는 사람으로부터 전화를 받았다. 상대방은 "내가 누군지 알아맞혀 봐라?"라고 했다. 그 친구는 한동안 머뭇거리다 "리우 매니저 아니야?"라고 답했다. 상대방은 "맞아! 휴대폰의 신호가 안 좋아서 전화번호를 바꿨어. 내일 오전 9시에 내 사무실로 와라"라고 했다. 마침 그 친구는 진짜 리우 매니저와 모레 오전 9시에 사무실에서 만나서 이야기하기로 되어 있던 참이었다. 그래서 일말의 의심도 하지 않았다. 얼마 안 있어 상대방으로부터 다시 전화가 걸려왔다. "여기 지금 회장님이 사무실에 계신데 그분한테 내가 좀 무엇을 해드려야 하는데, 나 대신에 홍바오 봉투 한 장 갖다주지 않을래?"라고 부탁을 했다. 친구는 그러마고 대답했다. 이때 상대방이 다시 "그분한테 현금을 홍바오 봉투에 넣어서 직접 드리는 것도 좀 그렇다. 나 대신 그분한테 송금을 해드리면 어떻겠니? 계좌번호는 ******야." 그래서 친구는 ATM기를 통해 1만 위안을 사기꾼이 지시한 계좌로 송금했다. 이체 후 상대방으로부터 다시 전화가 왔다. "돈이 좀 부족하다. 2만 위안 더 해줄 수 없니?" 이때 친구는 뭔가 이상하다고 느꼈다. 그래서 리우 매니저의 원래 전화번호로 전화를 걸었다. 결과는…….

2016년 1월 8일, 82세의 딩 노인은 자칭 아들이라는 사람으로부터 한 통의 전화를 받았다. 딩노인의 며느리가 임신을 했는데 돈이 급히 필요하다는 것이다. 딩 노인은 자칭 아들이라는 사람에게 8,000위안을 송금했다. 얼마 안 있어 그 아들이 또 전화를 해서 돈이 부족하니 다시 5,000위안을 요구했다. 딩 노인은 그대로 해주었다. 저녁 때쯤 아들과 며느리가 걱정이 되어 아들에게 전화를 걸었다. 진짜 아들은 어이가 없어서 경찰에 신고했다.

사람들을 가장 안타깝게 만든 사건은 2016년 9월 산둥성의 대학생 두 명이 전화사기를 당해 학비를 날렸는데, 부끄러운 나머지 자살한 사건이었다. 또 모 대학의 교수는 전화사기로 집을 판 돈 1,760만 위안을 날려서 전국을 놀라게 했다.

필자도 작년 춘제 기간에 비행기표를 사려다가 평생 처음으로 사기를 당했다. 습관대로 필자는 평상시 들어가던 인터넷 사이트에 접속해 비행기표를 살 때 요구하는 개인정보를 입력하고 인터넷 지불수단인 ******페이로 결제했다. 그런데 평상시와 달리 그 사이트에는 곧바로 결제 완료되었다는 문자가 뜨지 않았다. 다시 알아본 결과 그 사이트는 가짜 사이트였다. 이 가짜 사이트는 진짜 사이트와 너무 비슷해서 언뜻 봐서는 구별이 잘 안 간다. 이러니 인터넷에 대해 잘 모르는 사람은 어떻게 진짜 사이트인지 아닌지 구별해낼 수 있을까? 다른 사람의 피해를 막기 위해 즉시 경찰에 신고했다. 하지만 이미 비행기표 값은 날아가버렸다. 하는 수 없이 다음번부터는 더 이상 사기당하지 말라는 학비 정도로 생각하기로 했다.

개인정보 유출이 인터넷 사기의 가장 중요한 원천이다. 사기꾼들은 불법적인 수단으로 이름, 전화번호, 주소 등 개인정보를 취득해 사기에 이용하기 때문에 이를 방어하기란 쉽지 않다. 지금 이 시간에도 온갖 전화사기, 가짜 인터넷 사이트 등이 단절되지 않고 있다. 인터넷 보안 회사 360은 가짜 사이트를 식별해낼 수 있는 강력한 방어시스템을 운영하고 있으며 사기를 당하지 않도록 하는 지침을 제작했다. 이처럼 오늘날 많은 사람이 인터넷과 디지털 시대의 온갖 편리함을 누리고 있지만, 이러한 발달이 역으로 우리에게 해를 끼치는 부메랑이 되어 다시 돌아오기도 한다. 우리가 편리함을 누리는 대가에 맞서서 혹독한 결과를 초래하는 것도 인터넷 세상이다. 인터넷의 편리함을 잘 유지하고 즐기려면 완벽한 보안기술을 구축하여 개인정보의 유출을 막아내는 것이 무엇보다 중요하다. 네티즌의 바람직한 의식이 가장 우선적으로 전제되어야 할 몫이다.

지금까지 급변하는 중국의 일상을 지극히 단편적인 시각에서만 살펴보았다. 다변화로 나아가는 중국의 심층적 실체에서 보면 빙산의 일각에 지나지 않지만, 인터넷 세상을 일상에서 구현하며 살아가는 한국도 중국처럼 비슷한 변화를 겪고 있거나 부정적 현상에 공감하는 부분이 있을 것이다. 현재의 모습에서 과거를 돌아보기도 하고, 현재의 모습에서 미래에 지향해야 할 가치에 대해서도 탐색하기를 바란다. 중국은 의식의 발전 없이 물리적으로만 너무 급히 발전하는 것은 아닌지 숙고해볼 시점이다. 의식과 물리적 발전이 균형을 이뤄 G2 경제대국답게 중국이 선진 질서 의식도 갖추어 가기를 희망한다.

1) 중국의 주택 문화를 이해하기 위해 한국 독자들이 참고할 수 있도록 다음과 같이 용어와 개념을 소개하고자 한다.

① 상품주택[상품방商品房]: 1980년대 초 중국은 주택과 관련된 복지 분배 정책에 관한 개혁을 실시했는데, 기본적인 구상은 임대료를 올리고 임금도 올려서 일반 직장인들도 주택을 사고팔 수 있도록 허용했다. 다시 말해 주택을 사고팔 수 있는 상품으로 간주한 것이다. 이를 상품주택이라 한다. 오늘날 중국 대중들이 살고 있는 주택은 기본적으로 상품방이다.

② 경제적인 주택[경제적용방經濟適用房]: 중저소득층을 위한 주택. 가격이 일반 상품주택보다 저렴하다. 이 주택을 구매하기 위한 조건은 해당 지역의 호적을 갖고 있으며 연수입이 6만 위안(한화 1000만원 남짓) 이하여야 한다.

③ 저수입층을 위한 서민 주택[평가방平價房]: 주택 원가의 3퍼센트 관리비를 합친 가격으로 저소득층 가정에 공급하는 주택이다.

④ 서민임대주택[염조방廉租房]: 저소득층이 매달 수십 위안의 저렴한 임대료로 살 수 있는 주택. 면적은 30평방미터 정도이며 판매는 안되며 오로지 임대만 가능하다.

⑤ 쪽방[와거蝸居]: 도시에서 막노동 등으로 경제 여건이 좋지 않은 노

동자들이 사는 4~12평방미터의 아주 작은 방을 일컫는 단어다. 중국말로 '워(蝸, wo)'는 '달팽이'라는 뜻이다. 즉 달팽이집처럼 좁은 집을 일컫는다.

② ③의 주택은 결국 경제적 능력이 버거운 중소득층을 위한 주택인데, 이들 두 종류 주택은 5년 내에 전매하지 못하도록 되어 있다. 특히 ③번의 서민주택은 더욱 엄격해 취득한 지 5년이 지나도 일반인에게 전매할 수 없으며 정부의 관련부서에서 재구매하도록 되어 있다. 그리고 ②번형은 정부의 관련부서의 허가 하에 타인에게 전매할 수 있다.

2) 중국 최초로 실명제로 교제, 연애, 결혼을 주선하는 사이트

3) 전문적인 인터넷 중매를 통해 선을 보는 사이트. 인터넷으로 서로가 원하는 가장 이상적인 타입의 상대자를 찾아내어 결혼 성사율을 높이는 시스템으로 운영된다.

4) '세기가연(世紀佳緣)'은 '세기의 아름다운 인연'이라는 뜻이다. 혼인을 위한 사이트며 규모가 상당히 크고 이상적인 상대를 찾아내는 비율이 높다고 한다. 인터넷상 또는 오프라인상 회원들끼리의 활동을 통해 중국, 홍콩, 마카오, 타이완 및 세계 여러 국가의 독신자들에게 각종 서비스를 지원한다.

프랑스엔 〈크세주〉, 일본엔 〈이와나미 문고〉, 한국에는 〈살림지식총서〉가 있습니다.

급변하는 현대 중국의 일상

펴낸날	초판 1쇄 2017년 12월 29일

공편저	장시 · 리우린, 장범성
펴낸이	심만수
펴낸곳	㈜살림출판사
출판등록	1989년 11월 1일 제9-210호

주소	경기도 파주시 광인사길 30
전화	031-955-1350 팩스 031-624-1356
홈페이지	http://www.sallimbooks.com
이메일	book@sallimbooks.com

ISBN	978-89-522-3838-2 04080
	978-89-522-0096-9 04080(세트)

※ 값은 뒤표지에 있습니다.
※ 잘못 만들어진 책은 구입하신 서점에서 바꾸어 드립니다.

이 도서의 국립중앙도서관 출판예정도서목록(CIP)은 서지정보유통지원시스템 홈페이지(http://seoji.nl.go.kr)와 국가자료공동목록시스템(http://www.nl.go.kr/kolisnet)에서 이용하실 수 있습니다.(CIP제어번호: CIP2017035132)

책임편집·교정교열 김건희

089 커피 이야기

eBook

김성윤(조선일보 기자)

커피는 일상을 영위하는 데 꼭 필요한 현대인의 생필품이 되어 버렸다. 중독성 있는 향, 마실수록 감미로운 쓴맛, 각성효과, 마음의 평화까지 제공하는 커피. 이 책에서 저자는 커피의 발견에 얽힌 이야기를 통해 그 기원을 설명한다. 커피의 문화사뿐만 아니라 커피에 대한 일반적인 정보 및 오해에 대해서도 쉽고 재미있게 소개한다.

021 색채의 상징, 색채의 심리

박영수(테마역사문화연구원 원장)

색채의 상징을 과학적으로 설명한 책. 색채의 이면에 숨어 있는 과학적 원리를 깨우쳐 주고 색채가 인간의 심리에 어떤 작용을 하는지를 여러 가지 분야의 사례를 통해 설명한다. 저자는 색에는 나름대로의 독특한 상징이 숨어 있으며, 성격에 따라 선호하는 색채도 다르다고 말한다.

001 미국의 좌파와 우파

eBook

이주영(건국대 사학과 명예교수)

진보와 보수 세력의 변천사를 통해 미국의 정치와 사회 그리고 문화가 어떻게 형성되고 변해왔는지를 추적한 책. 건국 초기의 자유방임주의가 경제위기의 상황에서 진보-좌파 세력의 득세로 이어진 과정, 민주당과 공화당의 대립과 갈등, '제2의 미국혁명'으로 일컬어지는 극우파의 성장 배경 등이 자연스럽게 서술된다.

002 미국의 정체성 10가지 코드로 미국을 말하다

eBook

김형인(한국외대 연구교수)

개인주의, 자유의 예찬, 평등주의, 법치주의, 다문화주의, 청교도 정신, 개척 정신, 실용주의, 과학·기술에 대한 신뢰, 미래지향성과 직설적 표현 등 10가지 코드를 통해 미국인의 정체성과 신념을 추적한 책. 미국인의 가치관과 정신이 어떠한 과정을 통해서 형성되고 변천되어 왔는지를 보여 준다.

058 중국의 문화코드

강진석(한국외대 연구교수)

중국의 핵심적인 문화코드를 통해 중국인의 과거와 현재, 문명의 형성 배경과 다양한 문화 양상을 조명한 책. 이 책은 중국인의 대표적인 기질이 어떠한 역사적 맥락에서 형성되었는지 주목한다. 또한, 구체적이고 실제적인 여러 사물과 사례를 중심으로 중국인의 사유방식에 대해 설명해 주고 있다.

057 중국의 정체성　　eBook

강준영(한국외대 중국어과 교수)

중국, 중국인을 우리는 과연 어떻게 이해해야 하나? 우리 겨레의 역사와 직·간접적으로 끊임없이 영향을 주고받은 중국, 그러면서도 아직까지 그들의 속내를 자신 있게 말할 수 없는, 한편으로는 신비스럽고, 한편으로는 종잡을 수 없는 중국인에 대한 정체성을 명쾌하게 정리한 책.

015 오리엔탈리즘의 역사　　eBook

정진농(부산대 영문과 교수)

동양인에 대한 서양인의 오만한 사고와 의식에 준엄한 항의를 했던 에드워드 사이드의 오리엔탈리즘. 이 책은 에드워드 사이드의 이론 해설에 머무르지 않고 진정한 오리엔탈리즘의 출발점과 그 과정, 그리고 현재와 미래의 조망까지 아우른다. 또한 오리엔탈리즘이 사이드가 발굴해 낸 새로운 개념이 결코 아님을 역설한다.

186 일본의 정체성　　eBook

김필동(세명대 일어일문학과 교수)

일본인의 의식세계와 오늘의 일본을 만든 정신과 문화 등을 소개한 책. 일본인을 지배하는 이데올로기는 무엇이고 어떤 특징을 가지는지, 일본을 주목해야 하는 이유는 무엇인지 등이 서술된다. 일본인 행동양식의 특징과 토착적인 사상, 일본사회의 문화적 전통의 실체에 대한 분석을 통해 일본의 정체성을 체계적으로 살펴보고 있다.

261 노블레스 오블리주 세상을 비추는 기부의 역사

예종석(한양대 경영학과 교수)

프랑스어로 '높은 사회적 신분에 상응하는 도덕적 의무'를 뜻하는 노블레스 오블리주. 고대 그리스부터 현대까지 이어지고 있는 노블레스 오블리주의 역사 및 미국과 우리나라의 기부 문화를 살펴보고, 새로운 시대정신으로 노블레스 오블리주를 부활시킬 수 있는 가능성을 모색해 본다.

396 치명적인 금융위기, 왜 유독 대한민국인가 eBook

오형규(한국경제신문 논설위원)

이 책은 전 세계적인 금융 리스크의 증가 현상을 살펴보는 동시에 유달리 위기에 취약한 대한민국 경제의 문제를 진단한다. 금융안정망 구축 방안과 같은 실용적인 경제정책에서부터 개개인이 기억해야 할 대비법까지 제시해 주는 이 책을 통해 현대사회의 뉴노멀이 되어 버린 금융위기에서 살아남는 방법을 확인해 보자.

400 불안사회 대한민국, 복지가 해답인가 eBook

신광영 (중앙대 사회학과 교수)

대한민국 사회의 미래를 위해서 복지는 선택이 아니라 필수라고 말하는 책. 이를 위해 경제 위기, 사회해체, 저출산 고령화, 공동체 붕괴 등 불안사회 대한민국이 안고 있는 수많은 리스크를 진단한다. 저자는 사회적 위험에 대응하기 위한 복지 제도야말로 국민 모두의 삶의 질을 높일 수 있는 길이라는 것을 역설한다.

380 기후변화 이야기 eBook

이유진(녹색연합 기후에너지 정책위원)

이 책은 기후변화라는 위기의 시대를 살면서 우리가 알아야 할 기본지식을 소개한다. 저자는 기후변화와 관련된 핵심 쟁점들을 모두 정리하는 동시에 우리가 행동해야 할 실천적인 대안을 제시한다. 이를 통해 독자들은 기후변화 시대를 사는 우리가 무엇을 해야 할 것인지에 대하여 생각해 볼 수 있을 것이다.

eBook 표시가 되어있는 도서는 전자책으로 구매가 가능합니다.

㈜살림출판사
www.sallimbooks.com
주소 경기도 파주시 문발동 522-1 | 전화 031-955-1350 | 팩스 031-955-1355